Comunicação, planejamento e convergência de mídias

PUBLICAÇÕES
FGV Management

MARKETING

Comunicação, planejamento e convergência de mídias

Patricia Riccelli Galante de Sá
Vitor Moura Lima

FGV EDITORA IDE

Direitos desta edição reservados à
FGV EDITORA
Rua Jornalista Orlando Dantas, 37
22231-010 | Rio de Janeiro, RJ | Brasil
Tels.: 0800-021-7777 | 21-3799-4427
Fax: 21-3799-4430
editora@fgv.br | pedidoseditora@fgv.br
www.fgv.br/editora

Impresso no Brasil / *Printed in Brazil*

1ª edição – 2018

Preparação de originais: Sandra Frank
Editoração eletrônica: Abreu's System
Revisão: Aleidis de Beltran | Fatima Caroni
Capa: aspecto:design

Ficha catalográfica elaborada pela
Biblioteca Mario Henrique Simonsen/FGV

Sá, Patricia Riccelli Galante de
Comunicação, planejamento e convergência de mídias / Patricia Riccelli Galante de Sá, Vitor Moura Lima. – Rio de Janeiro : FGV Editora, 2018.
156 p.

Publicações FGV Management.
Área: Marketing.
Inclui bibliografia.
ISBN: 978-85-225-2037-4

1. Marketing. 2. Comunicação em marketing. 3. Marca registrada. 4. Mídia digital. I. Lima, Vitor Moura. II. FGV Management. III. Fundação Getulio Vargas. IV. Título.

CDD – 658.8

Aos nossos alunos e aos nossos colegas docentes,
que nos levam a pensar e repensar nossas práticas.

Sumário

Apresentação

Este livro compõe as Publicações FGV Management, programa de educação continuada da Fundação Getulio Vargas (FGV).

A FGV é uma instituição de direito privado, com mais de meio século de existência, gerando conhecimento por meio da pesquisa, transmitindo informações e formando habilidades por meio da educação, prestando assistência técnica às organizações e contribuindo para um Brasil sustentável e competitivo no cenário internacional.

A estrutura acadêmica da FGV é composta por nove escolas e institutos, a saber: Escola Brasileira de Administração Pública e de Empresas (Ebape), dirigida pelo professor Flavio Carvalho de Vasconcelos; Escola de Administração de Empresas de São Paulo (Eaesp), dirigida pelo professor Luiz Artur Ledur Brito; Escola de Pós-Graduação em Economia (EPGE), dirigida pelo professor Rubens Penha Cysne; Centro de Pesquisa e Documentação de História Contemporânea do Brasil (Cpdoc), dirigido pelo professor Celso Castro; Escola de Direito de São Paulo (Direito GV), dirigida pelo professor Oscar Vilhena Vieira; Escola de Direito do Rio de Janeiro (Direito Rio), dirigida pelo professor Sérgio Guerra; Escola de Economia de São Paulo (Eesp), dirigida pelo professor Yoshiaki Nakano; Instituto Brasileiro de Economia (Ibre), dirigido pelo professor Luiz Guilherme Schymura de Oliveira; e Escola de Matemática Aplicada (Emap), dirigida pela professora Maria Izabel Tavares Gramacho. São diversas unidades com a marca FGV, trabalhando com a mesma filosofia: gerar e disseminar o conhecimento pelo país.

Dentro de suas áreas específicas de conhecimento, cada escola é responsável pela criação e elaboração dos cursos oferecidos pelo Instituto de Desenvolvimento Educacional (IDE), criado em 2003, com o objetivo de coordenar e gerenciar uma rede de distribuição única para os produtos e serviços educacionais produzidos pela FGV, por meio de suas escolas. Dirigido pelo professor Rubens Mario Alberto Wachholz, o IDE conta com a Direção de Gestão Acadêmica (DGA), pelo professor Gerson Lachtermacher, com a Direção da Rede Management pelo professor Silvio Roberto Badenes de Gouvea, com a Direção dos Cursos Corporativos pelo professor Luiz Ernesto Migliora, com a Direção dos Núcleos MGM Brasília, Rio de Janeiro e São Paulo pelo professor Paulo Mattos de Lemos, com a Direção das Soluções Educacionais pela professora Mary Kimiko Magalhães Guimarães Murashima. O IDE engloba o programa FGV Management e sua rede conveniada, distribuída em todo o país e, por meio de seus programas, desenvolve soluções em educação presencial e a distância e em treinamento corporativo customizado, prestando apoio efetivo à rede FGV, de acordo com os padrões de excelência da instituição.

Este livro representa mais um esforço da FGV em socializar seu aprendizado e suas conquistas. Ele é escrito por professores do FGV Management, profissionais de reconhecida competência acadêmica e prática, o que torna possível atender às demandas do mercado, tendo como suporte sólida fundamentação teórica.

A FGV espera, com mais essa iniciativa, oferecer a estudantes, gestores, técnicos e a todos aqueles que têm internalizado o conceito de educação continuada, tão relevante na era do conhecimento na qual se vive, insumos que, agregados às suas práticas, possam contribuir para sua especialização, atualização e aperfeiçoamento.

Rubens Mario Alberto Wachholz
Diretor do Instituto de Desenvolvimento Educacional

Sylvia Constant Vergara
Coordenadora das Publicações FGV Management

Introdução

O desafio de publicar um livro sobre comunicação e mídias nos tempos atuais é ver a obra rapidamente superada pelo aparecimento de novas plataformas tecnológicas, de mais uma técnica desenvolvida para aproveitar cada uma delas e da crescente imprevisibilidade do comportamento do público, resultado de rupturas culturais e econômicas cada vez mais aceleradas. Por isso, não é nossa intenção sermos definitivos em nada do que estamos mostrando aqui, mas uma coisa é certa: se há uma grande contribuição que este livro pode dar ao leitor é ajudá-lo a pensar estrategicamente.

Diante de tantas plataformas de mídia e ferramentas à disposição, os profissionais de marketing e comunicação trabalham com uma diversidade de escolhas cada vez maior. Não está fácil decidir qual abordagem trará mais retorno, como medir a performance de ações atreladas a metas ultrassubjetivas, como engajamento, lealdade, influência, ou mesmo avaliar o custo/benefício de investir para adquirir *expertise* e realizar as atividades dentro de casa, com equipe própria ou terceirizá-las com fornecedores externos – já que atualmente existem muitas opções "faça você mesmo" disponíveis no mercado, por exemplo, criar páginas no Facebook, *sites* em plataformas como Wordpress, eventos usando o Sympla e *e-mail* marketing via Mail Chimp. Esse é um dilema especialmente relevante para os pequenos e médios negócios, que não dispõem de tanto capital para investir.

Vale destacar que, sempre que possível, daremos prioridade a casos brasileiros, comprometidos com o objetivo de estimular um estoque de conhecimento de inspiração nacional. Até porque nem sempre o que funcionou lá fora dará certo no contexto econômico, cultural e geográfico do nosso país, com sua dimensão territorial continental, grandes desigualdades socioeconômicas e regulações específicas.

A primeira parte deste livro destina-se a oferecer ao leitor um panorama mais abrangente do que está acontecendo no mercado global, e levá-lo a refletir sobre algumas questões bastante presentes no cotidiano dos profissionais da área, e sobre o que tem sido debatido e decidido a respeito delas. Novamente enfatizamos que este livro não é – e nem poderia ser – prescritivo, como uma "receita de bolo". Ele pretende ser um guia para conduzir certas linhas de raciocínio, permitindo a cada gestor encontrar, no seu tipo e porte de negócio, para seu perfil de público específico e sua disponibilidade de capital, os melhores caminhos para o sucesso das iniciativas.

O segundo capítulo trata do aspecto mais macro da comunicação: a marca. Vamos falar de sua importância estratégica, das considerações necessárias a um bom trabalho de *branding*, das demandas da sociedade em relação às empresas, que se expressam por meio das marcas – sejam de produtos/serviços (as submarcas) ou do fabricante.

No capítulo seguinte, abordamos os processos de comunicação mais fundamentais, que servirão de base para todas as atividades. Acreditamos que se um profissional não conhece os fundamentos, como irá trabalhar bem as técnicas? O conhecimento dos aspectos mais conceituais é essencial para ganhar domínio, pensamento crítico e capacidade de evolução das estratégias.

No capítulo 4, consolidamos o planejamento de comunicação, juntar todas as peças do quebra-cabeça (ferramentas, métricas, objetivos, plataformas, públicos) para atingir com sucesso os resultados e aprender com eventuais erros.

O quinto capítulo é o momento das novidades e curiosidades do mundo digital. Nele, abordamos a nova fronteira tecnológica do setor.

Finalmente, terminamos o livro com um glossário dos principais jargões da área.

Apesar dos limites físicos de um livro impresso, o leitor encontrará vários *QR codes* ao longo do texto, que o levarão para conteúdos *online*. Esse recurso, que nada mais é do que um código de barras bidimensional, carrega um *link* para algum tipo de conteúdo, proporcionando mais dinamismo na leitura. Por meio deles, você terá acesso a vídeos, *sites*, apresentações e artigos repousados em plataformas digitais diversas, que permitem uma interação mais divertida, atualizável e até o *download* de alguns materiais.

Para ter acesso a esses conteúdos, você precisará instalar em seu computador ou celular um aplicativo específico. Recomendamos o da Denso Wave, por ser a inventora da tecnologia (www.qrcode.com/en/), mas há vários outros gratuitos e disponíveis no mercado. Sempre que encontrar uma imagem como a da figura 1, basta utilizar o aplicativo e aproveitar o conteúdo.

Figura 1

QR code para o portal da FGV

Ou acesse: goo.gl/xZ2Lea

Boa leitura!

1
O novo contexto da comunicação

Neste capítulo, iremos explorar algumas das novas características do contexto social, cultural e tecnológico e seus impactos na atividade de comunicação das organizações.

Para que um gestor de comunicação e marketing possa desenvolver adequadamente seu trabalho, primeiramente ele precisa entender a nova dinâmica do ambiente, que apresenta alguns desafios inéditos e complexos – como a transparência compulsória, a hipervelocidade de disseminação das informações e o empoderamento do público.

Estamos em plena era digital, e novas tecnologias vêm sendo introduzidas em velocidade exponencial. A antiga internet 1.0, tal qual criada pelo físico Tim Berners-Lee nos anos 1990, basicamente formada por *sites*, ficou para trás com sua interatividade de mão dupla. Berners-Lee diferencia a internet (infraestrutura física) da *world wide web* (sistema global de hipertextos). A *web* 2.0, termo cunhado em 2004 por Tim O'Reilly para batizar conferências sobre o uso da *web* como plataforma baseada em redes sociais e inteligência coletiva, é caracterizada por vários Cs: compartilhamento, cocriação, convergência e caos. Ela tem uma estrutura fractal, como nos mostra a figura 2, em que acontecem conversas múltiplas e simultâneas, e uma organização, seja ela uma corporação, governo ou empresa jornalística, não consegue mais ser a dona do discurso.

Fractais são figuras da geometria não euclidiana, presentes em vários elementos da natureza, como repolhos, miolos de flores, nuvens e corais, onde cada parte menor é uma exata cópia de uma parte maior, e assim sucessivamente. Se observarmos a organização do ecossistema da *web*, encontraremos milhares de núcleos de conversa que se replicam e multiplicam exponencialmente, não havendo mais um único "centro" que emite e recebe informação – como uma empresa ou fonte oficial de comunicação – nem é possível participar de todas as conversas ou controlar seu conteúdo.

Figura 2
Triângulo Sierpinski:
exemplo de estrutura fractal

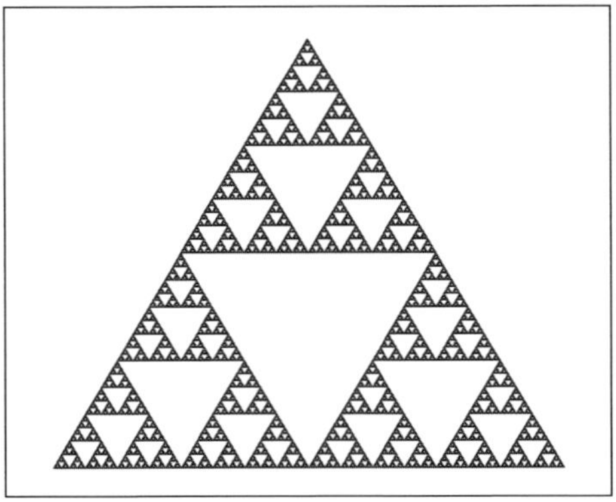

Fonte: Sierpinski (1915).

Nos primórdios da sociedade industrial, no início do que se poderia chamar de atividade de marketing, a relação de comunicação entre a empresa e o público era pautada pelo monólogo e encontrava no ouvinte um ser passivo e ávido por receber mais informação, já que, obviamente, havia poucas organizações querendo se comunicar com ele. Estamos falando de uma época em que mal havia começado o jornalismo, quando a atividade de relações públicas nasceu para intermediar o contato entre a imprensa e a empresa.

O ciclo de vida dos produtos era longo, os consumidores estavam sempre interessados em conhecer as novas invenções, e o raio de cobertura da comunicação era limitado por mídias impressas, rádio e contatos pessoais, como visitas de vendedores ou demonstrações nos pontos de venda e nas ruas.

Com o desenvolvimento das telecomunicações, surgem as mídias e a comunicação de massa. Elas trouxeram uma nova capacidade para os profissionais do setor: um alcance muito maior. Agora era possível falar com muito mais gente, em lugares mais distantes. Entretanto, o problema era a desconsideração com a individualidade das pessoas; afinal a massa pressupõe tratar todos como se fossem iguais. A partir de então, se inicia a segmentação do público, para melhorar a eficácia da comunicação, usando muitas técnicas de pesquisa e oferecendo uma variedade maior de mensagens que pudessem satisfazer cada agrupamento de clientes. Entretanto, ainda se tratava de um monólogo entre a empresa e seus públicos, que os sobrecarregava com suas informações de interesse. Começa aí a fuga de atenção por parte de uma parcela do público, pois o que não atende a seu perfil tem pouca relevância para ele.

A internet trouxe uma nova realidade e surgiu em uma fase de mudança cultural que obrigou as empresas a dialogarem com seus públicos, a abrirem canais como *call centers* e *sites* mais interativos. A sociedade pós-moderna ou pós-industrial assistiu à disputa feroz por atenção entre as dezenas de marcas concorrentes, com produtos cada vez mais parecidos e clientes cada vez mais críticos. O público começou a exigir ser tratado de forma individualizada, ser consultado sobre suas preferências pessoais e únicas, ser ouvido. Para as empresas, isso trouxe o desafio de customizar suas ofertas, criar experiências marcantes nos vários pontos de contato com a marca ao longo do processo de transação comercial e consumo, e destacar-se na multidão.

Essa é a era das ações midiáticas de alto impacto, da criação de factoides, da sociedade do espetáculo. Um ambiente onde as pessoas estavam sobrecarregadas com tanta informação circulante que passaram a olhar sem ver, ouvir sem escutar, e a eficácia de uma comunicação mais racional/factual foi declinando devido à falta de tempo dos indivíduos e à aridez do conteúdo. O que chamava a atenção era o que tivesse alta carga emocional, fosse por chocar ou por divertir. Era quem se saísse melhor no que Castells (1999:424-425) chama de "batalha cultural":

> Batalhas culturais são as lutas pelo poder na Era da Informação. São travadas basicamente dentro da mídia e por ela [...] O poder, como capacidade de impor comportamentos, reside nas redes de troca de informação e de manipulação de símbolos que estabelecem relações entre os atores sociais, instituições e movimentos culturais por meio de ícones, porta-vozes e amplificadores intelectuais.

Estamos falando aqui de ícones gráficos marcantes, personagens-símbolo, como o apresentador *nerd* dos produtos da Bombril, o palhaço Ronald McDonald ou as *sexy angels* da grife Victoria's Secret; dos filmes-denúncia pautados pela sátira de Michael Moore ou Sacha Baron-Cohen, das ações espetaculosas do Greenpeace e de manipulações semânticas, como apelidar os alimentos transgênicos de *frankenfoods*, renomear os agrotóxicos como defensivos agrícolas ou os carros usados como seminovos.

A era da sociedade digital levou esse contexto ao extremo, pois empoderou de forma sem precedentes o cidadão comum. Definitivamente, as empresas perderam a centralidade do discurso, e agora não cabe apenas a elas decidir quando e onde se dará a comunicação, muito menos definir o conteúdo da mensagem. Elas agora fazem parte de uma gigantesca rede distribuída de plataformas de mídia, muitas das quais fora do controle das organizações que tradicionalmente eram donas das fontes oficiais de informação: a imprensa, o governo e as empresas.

Hoje, os indivíduos produzem e disseminam informação por meio de redes sociais, *blogs* e *sites* de compartilhamento; criam conteúdos a respeito das marcas das quais são fãs, funcionando como mídias gratuitas, mas também disseminam críticas e denúncias sobre produtos e serviços que falharam com eles, abalando a reputação das empresas. Formam comunidades de compartilhamento de ideias e opiniões, passam adiante informações com baixíssimo compromisso ético de checar sua veracidade antes, conseguem se mobilizar para lutar por suas causas e se tornaram consumidores ávidos por novidades e extremamente volúveis em relação às marcas. Aqui cabe explorar algumas características especialmente críticas desse novo contexto e como as organizações precisam lidar com elas. Primeiro, estamos na era do politicamente correto radical, da baixa tolerância da sociedade à falta de respeito, ao preconceito ou à mentira. O Código de Autorregulamentação Publicitária (Conar) está cheio de exemplos de processos pedindo a retirada de campanhas publicitárias do ar, por serem consideradas misóginas, imorais, mentirosas ou irresponsáveis. Casos recentes ilustram bem essa tendência:

- os ovos de páscoa da Lacta (Mondelez), estimulando *bullying*, recolhidos de todo o varejo por ordem do Ministério Público;
- a referência do remédio Novalfem (Sanofi) a que cólica menstrual era "mimimi" das mulheres, que levou à suspensão da campanha publicitária;
- Roberto Carlos, sabidamente vegetariano, anunciando as carnes da Friboi e resultando em quebra do contrato e substituição dos anúncios;
- a camiseta infantil de xerife da Zara, que lembrava um uniforme de campo de concentração nazista e foi retirada das lojas após intensos protestos;

- os sorvetes Dilletto, que inventaram uma história sobre o criador do sorvete, tornando-se o primeiro caso de punição por falso *storytelling* pelo Conar;
- a campanha carnavalesca "Deixei o não em casa" da Skol, na contramão de todo o esforço de conscientização do governo sobre DSTs e gravidez na adolescência, que foi bombardeada por iniciativa de duas internautas.

A segunda característica desafiadora é a fluidez do comportamento do público no que se refere ao vínculo que estabelece com produtos e empresas. Ela faz parte de uma mudança cultural mais ampla, que Bauman expressou em sua trilogia *Modernidade líquida* (2000), *Amor líquido* (2003) e *Vida líquida* (2005). Nesse caso, o "líquido" se refere à condição de coisa fluida, que escorre, escapa, sem concretude, como é o caso de nossos relacionamentos modernos. "O novo mundo de 'relações líquidas' caracteriza-se por uma comunicação frequente, com muita gente, geograficamente ampla (não importa o quão longe eu esteja do outro), mas fisicamente desconectada" (Sá, 2009).

É tal a enormidade de espaços digitais e marcas, que as pessoas se veem perdidas diante de tantas possibilidades e, frequentemente, convencidas de que podem encontrar algo melhor se esperarem ou procurarem um pouco mais. Existe até um novo distúrbio comportamental chamado FOMO, sigla para *fear of missing out*, que poderia ser traduzido como o medo de estar perdendo alguma coisa por puro desconhecimento, por estar "por fora". Isso sinaliza a dificuldade de se estabelecer relações de fidelidade e mais ainda – de lealdade – entre o público e as marcas.

As duas realidades aqui apontadas trazem algumas necessidades para as organizações. Primeiramente, se convencerem de que não são mais as donas da comunicação, pois as conversas são muitas, simultâneas e por vezes caóticas. Portanto, não será possível participar de todas elas, mas será essencial monitorá-las ao máximo, para estar ciente do que está sendo dito e interferir quando houver alguma distorção. Participar das conversas que puder, preferencialmente como ouvinte, e dali colher valiosos *insights* para evoluir.

Um bom exemplo são os *blogs* e páginas em mídias sociais. É um grande erro moderar os comentários deletando críticas ou reclamações – exceto se forem menções realmente ofensivas, com linguagem de baixo calão ou pregação antiética ou imoral. Eles devem ser respondidos com cortesia, respeito e fatos elucidativos, pois proporcionam à marca sinalizar seu compromisso com a excelência e a satisfação dos clientes, funcionando como uma ótima oportunidade para construir um vínculo mais positivo ainda com seu público. As pessoas admiram empresas que assumem seus erros, se conduzem com transparência e estão dispostas a melhorar. É o típico caso de "fazer do limão uma limonada". Pode estar certo, leitor: se o internauta tiver sua reclamação apagada e desconsiderada, ele vai encontrar outro espaço para fazê-la, fora da alçada da empresa. E, provavelmente, com um grau de virulência ainda maior.

Outro exemplo do que não fazer foi o caso da cliente, fã de uma grife de moda, que criou por conta própria uma página para reunir a comunidade de usuários e acabou sendo processada pela empresa por uso indevido da marca. Ou seja, a empresa não só falhou em tomar a iniciativa de criar um espaço *online*, como ainda optou por punir sua cliente de alto vínculo, um verdadeiro absurdo. Pelo contrário, assim como os artistas estimulam a criação de diversos fãs-clubes, o mesmo deveria acontecer com as marcas, acolhendo as comunidades que se formam espontaneamente e até estimulando sua criação, abastecendo-as com informações, ações promocionais e privilégios. Repetindo: as empresas não são mais as donas dos conteúdos a seu respeito no ambiente da comunicação fractal.

Outro traço do contexto, que está de certa forma vinculado ao anterior, é a cocriação. O público não quer apenas ser tratado de forma individualizada, mas construir produtos/serviços a quatro mãos, interferir até na identidade visual das marcas. Quanto maior o grau de vínculo, mais o cliente se sente uma espécie de sócio da organização e demanda ser consultado e participar das decisões sob pena de, posteriormente, se sentir traído em sua confiança e dedicação.

Um bom exemplo foi a mudança de logotipo da grife de roupas norte-americana GAP. Como é natural na vida de uma marca, a empresa sentia a necessidade de modernizar sua identidade visual e o estilo de suas coleções, para acompanhar a evolução do consumidor. Obviamente, conduziu diversas pesquisas ao longo do processo e, finalmente, apresentou seu novo logotipo. O resultado foi uma onda de protestos tão grande e violenta por parte dos consumidores, que a presidente se viu obrigada a fazer uma declaração pública de que iriam voltar atrás e pedir desculpas por terem subestimado a profundidade do vínculo que os usuários tinham com a marca.

Tem sido cada vez mais comum as empresas convidarem seus consumidores para se engajar em processos de *crowdsourcing*, chamadas abertas de apresentação de soluções e ideias de produtos/serviços. Aquelas empresas que são escolhidas, acabam por remunerar o proponente como se fosse um sócio da empresa. E muitas vezes, a escolha também se dá por voto do público. A Tecnisa, premiada construtora paulista, criou o *site* Tecnisa Ideias (em 2010), aberto para receber sugestões *online*, além de realizar uma ação, em 2011, chamada Fast Dating, para fomentar processos de inovação. Empresas interessadas em oferecer serviços, produtos ou ideias eram convidadas para se apresentar em 20 minutos cronometrados. As melhores eram convidadas a retornar para discutir a proposta. O resultado foram 32 ideias implementadas de fato na empresa, entre elas o uso de *iPads* para as vistorias de imóveis e programas de consumo colaborativo, que incluem uso compartilhado de itens entre os condôminos, além de um aplicativo lançado no Facebook, que conecta os clientes para eventuais empréstimos.

O que percebemos, pelo que foi apresentado até aqui, é uma mudança crucial para as abordagens dos gestores de comunicação e marketing – se antes a meta era conquistar a atenção do público e disputá-la com os concorrentes, agora o grande objetivo deve ser o de envolver esse público, engajá-lo num nível mais profundo, transformando-o no que o setor chama de advogado da marca, o que será melhor explicado no próximo capítulo.

Historicamente, a comunicação tem sido realizada com duas táticas: a interrupção e o autoelogio. As organizações usavam anúncios, malas diretas e impressos para dizer o quanto eram as mais inovadoras e melhores, e seus produtos/serviços de mais qualidade ou valor que os dos concorrentes, seus preços mais baixos, seu atendimento mais competente. E tudo isso era feito usando abordagens de interrupção, por acreditar que era preciso "encurralar" ou pegar o espectador desprevenido, e empurrar para cima dele a mensagem. Na base disso estava a crença de que o cliente não necessariamente precisa do produto ou serviço, por isso deve-se persegui-lo e atravessar seu caminho mesmo sem ser convidado. Era o conceito de captura de atenção, e os próprios termos usados na área expressam esse clima de batalha: *target* (alvo), marketing de guerrilha, grade de programação. Datam dos anos 1980 as primeiras abordagens de marketing que se inspiravam nas estratégias militares (Kotler e Singh, 1981; Quinn, 1980; Ries, Trout e Ries, 1986).

Nos anos 1990 surgiu o conceito de marketing de permissão (Godin, 1999), e o mercado se rendeu às evidências de que o público não gosta de ser interrompido, além de haver vários mecanismos de escape, como o controle remoto, que permite mudar de canal quando entra o intervalo comercial; os sistemas DVR como TiVo, que programam a TV para pular os anúncios; os dispositivos anti-spam dos provedores de internet e as leis que retiram o excesso de poluição visual das cidades, proibindo *outdoors* e *backlights* e limitando a sinalização de fachadas. Apesar de algumas novas técnicas terem surgido para tentar burlar essas limitações (como o caso do *merchandising* em filmes, novelas e programas de auditório, ou, mais recentemente, o *retargeting*), os profissionais hoje estão conscientes de que o bom relacionamento com seus públicos se estabelecerá em outro nível de contato, como veremos mais detalhadamente nos capítulos 4 e 5, quando apresentaremos a internet das coisas, mídia programática e outras tantas novidades do mundo digital.

Outro dado importante do novo contexto é a convergência das mídias. Se antes era possível delimitar claramente as ferramentas e táticas *offline* e *online*, essa fronteira vem se dissolvendo rapidamente. Não faz mais sentido pensar em abordagens exclusivamente repousadas nas ditas mídias e ferramentas tradicionais, pois:

- a maioria das mídias *offline* tem versões *online* (exs.: Globo Play; rádios FM com *streaming online*; *site* de revistas, como a *Vogue*);
- a realidade aumentada leva o *online* para o ponto de venda (PDV) ou ponto de consumo físicos (exs.: *QR codes* em embalagens de produtos que possuem vídeos e personagens 3D);
- a jornada do cliente muitas vezes começa *online* e termina *offline* (exs.: *sites* de montadoras levam a concessionárias de automóveis; *e-commerce* de lojas de móveis; compra de ingressos de cinema; pesquisa e compra de um MBA).

Por causa disso, as estratégias passam a ter de ser planejadas mais holisticamente, considerando a adaptabilidade da linguagem e dos conteúdos a todo tipo de plataforma, seja ela física ou digital. Um *site* terá de proporcionar boa visualização e navegabilidade tanto no *laptop* quanto na telinha do *smartphone*, por exemplo. Talvez a empresa precise criar um aplicativo específico para facilitar a vida dos clientes em certas operações mais diretas, como fizeram o Ingresso.com ou o Banco Itaú, que já tinham *sites*. Há casos em que ter uma conta no Instagram ou Pinterest ajudará a marca a divulgar e vender seus produtos de *e-commerce* ou loja física. Em outros, publicações via Twitter poderão gerar tráfego para o PDV, como uma padaria carioca que avisa seus clientes quando sai uma nova fornada; ou relembrar pacientes de uma consulta médica usando o WhatsApp ou SMS.

Uma das discussões mais acaloradas do novo contexto são as questões envolvendo direitos autorais e privacidade. No mundo digital, encontramos desde licenças como o Creative Commons (Lessig, 2017), que informam oficialmente quando profissionais da economia criativa liberam os direitos de uso de suas obras ao público, até o extremo do *hacking*, invasões de *sites*. Casos emblemáticos são os vazamentos de informações por Julian Assange, do WikiLeaks, e Edward Snowden, então funcionário da National Security Agency (NSA) nos Estados Unidos, ou as recorrentes adulterações de *sites* comerciais e o roubo de dados sigilosos, como cadastros e senhas de clientes, como nos mostram os filmes da figura 3. Yahoo e WhatsApp já tiveram de se desculpar publicamente por falhas em garantir a segurança das informações dos seus usuários.

Figura 3

Trailers dos filmes *O menino da internet: a história de Aaron Swartz* (2014); *Nós roubamos segredos: a história do WikiLeaks* (2013); *Snowden: herói ou traidor* (2016)

Ou acesse: goo.gl/LS81Zg

Ou acesse: goo.gl/4SjHho

Ou acesse: goo.gl/Jo15lq

A privacidade encontra ainda mais um obstáculo com a rápida disseminação das estratégias de *big data*, que utiliza algoritmos cada vez mais poderosos para rastrear, armazenar e usar comercialmente os hábitos e perfis comportamentais dos internautas, tanto que há o que se chama *deep web*, em que os internautas estariam a salvo desse rastreamento – junto com muita gente do crime organizado e terrorismo, infelizmente. Tecnologias cada vez mais poderosas e embutidas em carros, telefones, *tablets* e *laptops* tornarão virtualmente impossível para um indivíduo não ser monitorado. Mark Zuckerberg, fundador do Facebook, por exemplo, mantém a câmera do seu computador tampada para evitar ser observado sem saber.

Entretanto, as pessoas têm oferecido de graça às empresas seus dados pessoais, ao fazerem *check-in* em lugares que frequentam, voluntariamente avaliarem serviços, como no Trip Advisor, ou quando marcam amigos nas fotos de suas redes sociais. Já reparou, leitor, na rapidez com que os algoritmos de reconhecimento facial fazem isso automaticamente para você nas imagens que publica no seu mural? Ou como as diferentes plataformas se comunicam entre si (por exemplo, o catálogo de endereços do Gmail, listas de amigos do Facebook, contatos do WhatsApp e Facetime e a agenda de telefones do smartphone) e sugerem novos amigos, adicionam nomes automaticamente e mandam notificações de atividades da sua rede de contatos? Quem não é extremamente atento, ou versado em configurar sua privacidade em todas essas plataformas, está ainda mais vulnerável no ambiente digital.

Muitos estudiosos alertam que essa concentração de dados sobre os internautas nas mãos de poucas empresas de alta tecnologia e o uso de algoritmos para organizar, classificar e sugerir conteúdos – o chamado "filtro bolha" (Parisier, 2011) – acabarão gerando uma espécie de círculo vicioso autorreforçador, em que veremos mais do mesmo, iremos nos relacionar com as pessoas mais parecidas conosco, perdendo a serendipidade – a possibilidade de fazer descobertas afortunadas ao acaso, esbarrar com novas informações, novas possibilidades, gente diferente – e, portanto, a chance de nos enriquecermos social e intelectualmente. Para as empresas em geral, significará que quem não pagar para ter acesso a esses dados estará praticamente fora do jogo.

O Marco Civil da Internet tem sido alvo de muitos debates, com as tentativas de censura por parte dos governos sendo sempre rechaçadas pelos internautas e grandes portais e buscadores *online* como Google, Yahoo, Amazon e Facebook, além do próprio criador da *web*, Tim Berners-Lee. Foi o caso da proposição das leis ACTA e SOPA nos Estados Unidos, em 2012. Afinal, a internet surgiu para ser uma estrutura de comunicação à prova de bloqueios, inicialmente pensada para fins militares. A *world wide web* acabou dedicada ao meio acadêmico, posteriormente também às corporações e finalmente transformou-se na estrutura anárquica e fractal das redes sociais e espaços de compartilhamento de conteúdos pessoais que vemos hoje.

Tem crescido também o fenômeno do e-ativismo (e o hacktivismo), em que causas defendidas por ONGs ou movimentos espontâneos mobilizam pessoas e se organizam usando as redes sociais ou portais – geralmente combinando ambos – como Change.org, Avaaz e Causes, abertos a qualquer um que quiser propor uma iniciativa. Os movimentos Occupy, a Primavera Árabe, a Revolução dos Pinguins no Chile, que inspirou a ocupação das escolas públicas paulistas em 2015, e o Vem pra Rua, levando milhões de pessoas a protestos em todo o Brasil, são exemplos recentes de uso da internet para empoderar a sociedade e mobilizar os cidadãos. *Sites* que publicam reclamações de consumidores como o Reclame Aqui são outro exemplo desse ambiente de transparência que vai se formando e criando desafios imensos para empresas e governos.

A figura 4 refere-se ao *site* Minha Sampa, que permite a qualquer cidadão criar campanhas, engajar pessoas e oferece meios para pressionar os legisladores ligados àquela causa, e é também um bom exemplo dessa proposta.

Figura 4
Site do Minha Sampa

Ou acesse: goo.gl/d0h9Mr

A opção de ser ou não transparente diante do público deixou de existir, pois o contexto é de alta exposição, de perda de controle sobre as informações e a própria imagem, sem contar as manipulações na forma de boatos plantados – os *hoax* – e denúncias de internautas e blogueiros especializados em encontrar inconsistências e inverdades na comunicação circulante. Um caso emblemático foi o lançamento do celular Nokia Lumia 920 PureView, cuja propaganda mostrava a estabilidade da imagem da câmera mesmo durante um passeio de bicicleta. Não tardou para que um internauta denunciasse, com provas irrefutáveis, que se tratava de uma filmagem feita com equipamento profissional, e não o celular. A empresa deu um "tiro no pé" ao não confiar no potencial do seu produto que, diga-se, era excelente. Confira por si mesmo na figura 5.

Figura 5
Flagrante do comercial do Nokia Lumia 920 PureView

Ou acesse: goo.gl/P9ARlA

Outro exemplo foi a descoberta de que Zeca Pagodinho, contratado em 2004 como garoto-propaganda da cerveja Nova Schin, havia solicitado à produção do comercial que seu copo contivesse Brahma, a única que ele realmente bebia. A informação vazou, polemizou, a campanha foi retirada do ar e a agência de propaganda da Brahma, numa ágil tática de marketing de oportunidade, colocou no ar um anúncio com o cantor e o mote: "Fui provar outro sabor, eu sei, mas não largo meu amor, voltei". Esse episódio faz parte dos anais da publicidade brasileira na famosa "guerra das cervejas", ou, talvez fosse melhor dizer, a disputa entre as agências Fischer América e África, que brigaram nos tribunais até 2014. Alguns detalhes dessa história podem ser vistos na figura 6.

O velho dito popular "A mentira tem perna curta" precisaria ser atualizado para o mundo digital: "A mentira não tem mais pernas". Nesse ambiente de alta exposição, a única saída para empresas, governos e pessoas públicas (como artistas, políticos, celebridades) é se comportar de forma ética, responsável e honesta; caso contrário, serão flagrados em um discurso vazio, ficarão com a reputação manchada e perderão totalmente a credibilidade diante do público.

Figura 6
Guerra das cervejas

Ou acesse: goo.gl/fMEZQZ

Um caso emblemático ocorreu em 2017 envolvendo a United Airlines: os vídeos gravados pelos próprios passageiros a bordo com seus celulares, mostrando a retirada truculenta de um cliente num caso de *overbooking*, foram ampla e rapidamente divulgados pelas mídias sociais em todo o mundo, gerando um turbilhão de reportagens, paródias e memes negativos. O resultado foi a perda de US$ 750 milhões em valor de mercado da empresa em apenas um dia, agravado pelo comunicado oficial de seu CEO, em tom de justificativa em lugar de desculpas (Gizmodo, 2017).

Finalizamos este capítulo levantando uma questão ética fundamental do novo ambiente: a responsabilidade de checar a veracidade das informações publicadas. De um lado, estão produtores de notícias, cujo principal compromisso é com a velocidade/atualidade e a sustentação financeira de seus *blogs* e portais jornalísticos, proporcionada por anunciantes em função da quantidade de curtidas e visualizações de suas publicações; do outro lado ficam os internautas, ávidos por receber e compartilhar informações; e entre ambos há divulgadores profissionais a serviço de marcas, pessoas públicas e governos, encarregados de conseguir publicar os conteúdos de seu interesse – por vezes usando expedientes condenáveis, fraudulentos e difamatórios, como notícias falsas, distorção dos fatos e desinformação, com a cumplicidade de leitores que não se dão ao trabalho de checar a fonte e nem a veracidade das informações.

No livro *Acredite, estou mentindo*, o executivo de marketing Ryan Holiday (2015) nos dá um choque de realidade, ao expor as táticas que usou no início de sua carreira para manipular informações, e que são praticadas até hoje por várias organizações, numa nociva cumplicidade de interesses entre os jornalistas e as marcas. Também vale conhecer o resultado do experimento que o programa de TV australiano *Hungry Beast* do canal ABC1 fez em 2009 para provar que os jornalistas em geral não se dão ao trabalho de checar as fontes, e os leitores também não, fato que persiste até hoje, como é fácil constatar nos murais de redes sociais. Ambos podem ser mais bem entendidos acessando a figura 7.

Figura 7
Alguns casos de manipulação das mídias sociais

Ou acesse: goo.gl/1IV6mm

A questão que se coloca aqui é a responsabilidade que o público precisará ter em não passar adiante notícias de fontes obscuras, a necessidade de filtrar as informações que recebe antes de reagir apaixonadamente a elas e disseminá-las como se fossem verdades. Por esse motivo, em 2017, grandes empresas do universo digital, como Google e Facebook, anunciaram providências para melhor orientar o público e criar mecanismos de identificação de possíveis notícias falsas circulando nos seus espaços, comprometendo-se a ajudar a estancar essa disseminação.

Tudo que é publicado na internet se torna eterno, pois vai sendo distribuído exponencialmente, e mesmo nos casos em que a Justiça determina a retirada de algum conteúdo dos *sites*, *blogs* ou *vlogs*, ainda que os publicadores originais cumpram a ordem, será impossível impedir que pipoquem em milhares de outros espaços *online*.

Portanto, para as pessoas físicas, a única saída é jamais expor aquilo que não desejam ver disseminado. O *cyberbullying* é uma realidade nefasta de nossos tempos. Já para as organizações, fica a recomendação de que não publiquem informações falsas, não distribuam comentários elogiosos fabricados e, sobretudo, não apaguem críticas genuínas e reclamações de seus espaços. Usem-nas para evoluir e para sinalizar comprometimento com qualidade e honestidade.

Precisamos compreender que estamos no limiar de uma ruptura profunda em todos os sistemas que conhecemos: econômico, tecnológico, social, político e cultural. Alguns chamam de quarta revolução industrial, com a introdução da inteligência artificial nos aspectos mais cotidianos das nossas vidas. Outros, como é o caso do físico Fritjof Capra, consideram que se trata de algo muito maior, não uma mera evolução do sistema industrial, mas um novo paradigma (Sá e Oliveira, 2017). Nele, veremos intensificar a desmaterialização da economia, em que a cultura de posse de bens físicos e formação de estoques será substituída pelo acesso ao uso dos bens – portanto, uma economia de serviços, muitos deles distribuídos ou intermediados digitalmente – e o consumo compartilhado.

Já é possível perceber o início dessa ruptura em algumas indústrias importantes, como a fonográfica, a jornalística, a editorial e de mobilidade urbana. CDs físicos sendo substituídos por *streaming* de música, rádios *online* e compra de faixas por *download* em serviços como iTunes; cidadãos comuns filmando e fotografando fatos e contribuindo para o noticiário da imprensa, além de blogueiros e participantes de redes sociais produzindo informação; editoras abertas à publicação de qualquer autor, em qualquer quantidade, com obras distribuídas em formato de *e-book* que podem ser compradas com meios de pagamento virtuais como Paypal; os embates que têm ocorrido entre taxistas tradicionais, serviços como Uber e Cabify e aplicativos como 99Taxi e Easy Taxi, enquanto nas bordas surgem sistemas de caronas como BlaBlaCar ou Caronetas; o Airbnb abalando o mercado de hotelaria, e o Trip Advisor tomando o lugar de publicações tradicionais e portais *online* de viagens. O fio condutor comum a todos eles? É a comunicação digital.

Uma vez apresentado o novo contexto e seus desafios para a comunicação e o marketing das organizações, vamos, no próximo capítulo, tratar do aspecto mais amplo do trabalho dos gestores: a marca.

2
A gestão da marca

O gerenciamento da marca é um trabalho estratégico da maior importância para uma organização – seja ela privada, ONG ou pública –, pois abrange vários aspectos, que vão desde o *branding* até questões que afetam sua posição no mercado financeiro. A marca é um patrimônio que precisa ser preservado e valorizado; então, iremos abordar neste capítulo como fazer isso.

Brand equity: o valor da marca

O trabalho de *branding* diz respeito a tudo que envolve a comunicação da marca. Entenda-se aqui a marca da empresa fabricante, e não a dos seus produtos/serviços, que passaremos a chamar de submarcas.

Durante muito tempo, a ênfase do marketing foi divulgar e fortalecer as submarcas, e algumas, de fato, receberam milhões em investimentos na mídia por anos – casos como Omo, Lux e Oral-B. Geralmente, nem se sabia ao certo quem era o fabricante, pois ele não fazia questão de se expor e ficava limitado a uma razão social num rótulo, embalagem ou nota fiscal, apenas para informar quem era o responsável. Sequer possuía um logotipo ou um nome fantasia.

A partir de meados dos anos 1990 esse panorama mudou, com a entrada em cena do conceito de *brand equity* (Aaker, 1998), ou valor financeiro da marca. Foi quando se percebeu que, em transações financeiras como fusões e aquisições de empresas, ou abertura do capital em bolsa de valores, aquilo pelo qual os investidores estavam mais dispostos a pagar eram os ativos intangíveis, e não os ativos físicos. Explicando: não eram equipamentos, imóveis, estoques ou mobiliário que realmente valiam dinheiro aos olhos do mercado (ativos físicos), mas coisas como a reputação da marca, os talentos e a qualidade dos relacionamentos que a empresa possuía com todos os seus *stakeholders*, e que indicavam seu potencial futuro.

Mas do que exatamente estamos falando quando nos referimos à marca? E para que ela serve, afinal? Ora, seu papel é múltiplo: saber quem é jurídica e moralmente responsável por aquele produto/serviço, no caso de algum problema ou dúvida; permitir distinguir entre as diferentes opções de produtos/serviços disponíveis, para fazermos escolhas bem informadas; sinalizar o nível de qualidade e segurança que se pode esperar; gerar uma percepção de valor simbólico ao proporcionar uma série de atributos subjetivos e projetar a identidade da pessoa que usa a marca perante os outros e si mesma, como sucesso, beleza, poder, saúde, inteligência e sustentabilidade.

A percepção objetiva do cliente é construída pelas características intrínsecas do produto/serviço, como formulação, peso, funcionalidade da embalagem, configuração, facilidade de manuseio ou uso. Já a percepção simbólica é fruto de grandes esforços de marketing e comunicação que incluem identidade visual, ações promocionais, propaganda, divulgação em diferentes mídias e o *branding*. O preço pode ser tanto um fator de avaliação objetiva (posso ou não ter dinheiro para comprar; acho que o custo/benefício está equilibrado) quanto subjetiva, já que tendemos a achar que quanto mais caro, maior a qualidade e a recompensa simbólica.

O senso comum nos diz que o valor de uma marca no mercado é função do quanto ela fatura, mas essa é uma visão antiquada e limitada. Se observarmos o valor de mercado de várias marcas famosas e o quanto elas faturam, perceberemos facilmente uma desproporção. Vejamos alguns casos interessantes.

- Em 2010, a Microsoft pagou US$ 8,5 bilhões pelo Skype, quando ele faturava "apenas" US$ 860 milhões e tinha uma dívida de US$ 686 milhões, muito embora já fosse dona de outro programa de comunicação por voz *online*, o MSN (Globo G1, 2011).
- A Apple tinha valor de mercado de US$ 605,68 bilhões em setembro/2016 contra um faturamento de US$ 215,6 bilhões (Exame, 2016b).
- O Itaú foi avaliado pela Interbrand como a empresa mais valiosa do Brasil em 2015, com R$ 1,3 trilhão em ativos, para um faturamento de "apenas" R$ 163,6 bilhões (Forbes Brasil, 2015; IstoÉ Dinheiro, 2016).
- Gisele Bündchen ainda era, em 2016, a modelo mais bem paga do mundo, especialmente graças ao seu poder de alavancar melhor desempenho das ações das empresas que anuncia, o que levou o economista norte-americano Fred Fuld a criar o Gisele Bündchen Stock Index em 2007, inspirado no índice Dow Jones Industrial Average. Contratada como garota-propaganda da grife esportiva Under Armour em 2014, com um contrato de US$ 265 milhões por 10 anos, a simples notícia desse fato fez com que a cotação das ações da empresa subisse 4% em apenas 24 horas, aumentando seu valor de mercado em US$ 590 milhões. Computados o cachê e os custos de produção de US$ 15 milhões, significa que a campanha "I will what I want" se pagou, em dobro, em apenas um dia, sem que fosse necessário vender uma

peça de roupa sequer (Exame, 2014). A figura 8 mostra o filme da campanha.

Figura 8
Comercial da Under Armour estrelado por Gisele Bündchen

Ou acesse: goo.gl/8K0S08

Estes exemplos ilustram uma nova lógica trazida pela abordagem do *brand equity*: o valor de mercado de uma empresa é dado pelo seu potencial futuro, e não necessariamente por seu desempenho passado (seu faturamento, vendas, lucro). Contam muito a capacidade de inovação, a posição de liderança em algum mercado estratégico em ascensão, ser *top of mind* (marca mais lembrada do setor), ter um alto índice de lealdade entre os *stakeholders*, ter acesso a milhares de pessoas e seus dados comportamentais (fundamentais na era do *big data*), entre outros. Obviamente, além de agradar a acionistas e investidores, presume-se que uma marca com alto valor de mercado terá também uma maior capacidade de faturamento e uma blindagem contra crises – leia-se, portanto, de evitar prejuízos financeiros.

Um dos precursores da adoção do *brand equity* foi Richard Branson, que, baseado no conceito japonês de "família de marcas" chamado *keiretsu*, já adotado por gigantes como a Mitsubishi (banco, carro, eletrodomésticos), expandiu seus negócios de gravadora e cadeia de lojas de música Virgin Records para outros setores, sempre com o compromisso de excelência. Assim surgiram a Virgin companhia aérea, banco, trens urbanos, viagens espaciais e academias de ginástica. Quando o setor fonográfico sofreu o baque com a economia do acesso e sua rede de lojas fechou, a marca Virgin continuou viva em vários outros serviços.

Entretanto, há um lado negativo em adotar a estratégia focada em uma marca única: se qualquer produto da empresa tiver problemas, isso poderá contaminar seu portfólio inteiro. Portanto, a opção por essa abordagem leva a empresa a outro patamar de responsabilidade, não apenas com a qualidade e sanidade de seus produtos/serviços, mas com a reputação da organização como um todo.

Outra questão foi essencial para que a abordagem do *brand equity* tenha sido adotada por grandes empresas como Unilever e P&G: a otimização de recursos. Imagine como era o marketing de um sabão em pó nos anos 1940 – um público-alvo bem mais fácil de definir (mulher, dona de casa); algumas poucas mídias, como revistas, jornais, rádio, demonstrações ao vivo; e poucas marcas concorrentes. Transporte-se agora para nossos dias. São dezenas de perfis diferentes de públicos-alvo, que vão desde mulheres executivas a homens solteiros, passando pela empregada doméstica e estudantes. Cada um com um hábito de consumo de mídia diferente e um nível de exposição a mensagens publicitárias encolhendo a cada dia, como já vimos no capítulo anterior, além de haver muito mais marcas no mercado disputando atenção, com nenhuma ou pouca diferenciação entre si.

Assim, ao invés de apoiar cada produto/serviço do portfólio isoladamente, para falar com tantos públicos diferentes, em tantos espaços de mídia com eficácia cada vez menor, parece coerente adotar a estratégia de dirigir os esforços para a marca mãe (o fabricante) e transformá-la na garantidora da qualidade e da entrega das promessas. Cabe a ela também enriquecer o produto/serviço com os aspectos simbólicos, que são trabalhados no nível institucional, os valores da marca. Dessa forma, mesmo que um item do portfólio não receba investimentos de comunicação, o simples fato de o logotipo da empresa aparecer em sua embalagem já carreia para ele uma percepção diferenciada, uma coleção de referências preexistentes que permitem construir identificação junto ao cliente, justificar o preço cobrado e gerar expectativas de desempenho e satisfação.

Branding e causas

E por falar em reputação, já é uma tendência entre as marcas, sejam elas grandes corporações ou *startups*, a necessidade de unir lucro com propósito. Em 2010, Philip Kotler lançou seu livro *Marketing 3.0* com o sugestivo subtítulo "As forças que estão definindo o novo marketing centrado no ser humano", alertando para a mudança das demandas da sociedade e a necessidade de os gestores unirem o marketing a causas, mas não no sentido tradicional do marketing social, que investia em filantropia ou criava projetos assistencialistas para angariar boa imagem. Trata-se de algo mais amplo, de desafiar as marcas a se posicionarem claramente diante de questões do interesse da sociedade e, principalmente, ligadas às contribuições ou aos impactos negativos que seus negócios trazem à humanidade e ao planeta (Kotler, 2010).

O ano de 2016 reafirmou a demanda por "marcas com propósito": se elas querem a atenção da nova geração de exigentes consumidores, terão de ser mais corajosas, audaciosas e assumir mais riscos do que nunca. Segundo o estudo da BBMG e GlobeScan em 22 países, esses consumidores, que misturam várias faixas etárias, foram testemunhas do 11 de setembro, guerras, crises econômicas e ambientais, e por isso mesmo passaram a valorizar qualidades como generosidade, criatividade, colaboração e cuidado (Globescan, 2016). Batizados de "geração aspiracional", buscam uma coerência entre suas ações e sua consciência, e querem ter um impacto positivo nas outras pessoas, com forte senso de comunidade.

Segundo o mesmo estudo, as cinco aspirações humanas para o futuro das marcas são (Sustainable Brands, 2015):

- *Abundância sem desperdício.* Em vez de acumular bens materiais, o importante é viver experiências significativas, de preferência sem desperdiçar recursos e gerar resíduos. Empresas como Ikea e Patagônia têm oferecido serviços de reparo de móveis e roupas usadas, e esta última chegou a lançar, em 2016, uma campanha no inverno com a chamada "Não compre este casaco", estimulando a troca ou reciclagem das roupas antigas da grife pelos clientes.
- *Ser verdadeiro e genuíno.* Com a certeza de que a verdade sempre será revelada na sociedade digital, os consumidores preferem empresas honestas em vez de perfeitas, dispostas a assumir suas falhas e abrir conversas para que se tornem melhores. A Unilever está declarando toda a formulação de seus produtos numa ação de transparência e já havia se posicionado radicalmente a favor da diversidade e contra estereótipos em suas várias campanhas "Real beleza" dos produtos Dove.
- *Intimidade.* As marcas devem proporcionar aproximação entre os clientes, formar comunidades de compartilhamento; migrar de meramente realizar transações para criar relacionamentos, pois os consumidores querem conhecer o fabricante e valorizam mais do que nunca aquilo que é produzido localmente, próximo delas. As inúmeras feiras de produtores e artesãos que ganham espaço nas cidades são um bom exemplo.

- *Tudo e mais um pouco.* Há um desejo de liberdade e ressignificação de conceitos. Assim, ter mais flexibilidade de escolha, buscar felicidade e se livrar de estereótipos sociais de gênero, idade ou opção sexual. A Urban Outfiters lançou uma coleção de peças que podem ser usadas da ginástica matinal até o *happy hour* noturno, sem precisar trocar de roupa, e o Boticário incluiu casais homoafetivos e intergeracionais em sua campanha de Dia dos Namorados em 2016, a cujo filme o leitor poderá assistir usando o código da figura 9.

Figura 9
Campanha polêmica da marca O Boticário

Ou acesse: goo.gl/2mJr0Z

- *Fazer o bem.* Os consumidores acreditam que suas compras, votos e ações fazem a diferença, e que unidos têm poder para mudar o mundo. Mas isso não se dá na esfera política, e sim no âmbito cultural, por meio de suas escolhas de consumo e comportamentos cotidianos. Querem algo no que acreditar, e as marcas devem proporcionar mais do que apenas benefícios de produtos. Elas precisam personificar uma ética e um posicionamento claros diante das questões que afetam a sociedade. A marca catarinense Insecta Shoes fabrica sapatos ecológicos e veganos, tendo nascido da ideia de aproveitar

> retalhos de tecido e roupas velhas descartados, borracha e plástico reciclados, confeccionados por cooperativas para geração de renda local. Com o mote "vista uma causa", todos os modelos são unissex, abraçando a diversidade (Insecta, s.d.). A P&G começou, em 2017, a produzir os frascos de sua linha Head & Shoulders com plástico reciclado recolhido dos oceanos.

Posicionar-se aberta e firmemente diante de questões polêmicas é um grande novo desafio para as empresas. Sempre haverá clientes a favor, que se identificam com as ações, enquanto outros as desaprovarão ao ponto de abandonarem a marca. Não há mais espaço para o meio-termo, a empresa "em cima do muro", querendo agradar a todos enquanto fica neutra diante das questões. Ou, pior ainda, que usa causas como uma mera jogada de efeito para parecer engajada. No âmbito da responsabilidade ambiental isso tem até nome: *greenwash*, algo como fraude verde.

Em 2017 a Starbucks Coffee anunciou publicamente sua intenção de contratar refugiados em suas cafeterias, em resposta à medida tomada pelo presidente Donald Trump de impedir a entrada no país de viajantes de alguns países muçulmanos. Foi considerada por alguns como antiamericana, por preterir cidadãos do país em favor de estrangeiros, alimentando o movimento #BoycottStarbucks. Ao mesmo tempo, os mexicanos lançaram a campanha de boicote à marca #AdiosStarbucks, por considerá-la um ícone americano, em protesto às declarações xenófobas de Trump a respeito do México. Em uma nota oficial emitida no Brasil, a Starbucks declarou: "Tomamos decisões com base em nossa missão, valores e herança, e reconhecemos que, algumas vezes, haverá pessoas que discordarão de nós. Respeitamos os diversos pontos de vista de nossos *partners* e consumidores e continuaremos a ouvi-los" (Pacete, 2017).

A mesma atitude foi adotada pelo grupo O Boticário diante das reações à sua campanha de Páscoa em 2016. Não à toa, a empresa emplacou o primeiro lugar no *ranking* das mais bem faladas e comentadas naquele ano, segundo dados do BrandIndex, que monitora marcas diariamente em 32 países. Esse índice mediu a percepção dos consumidores brasileiros em relação a mais de 250 empresas, a partir de 16 indicadores de desempenho, entre eles reputação, conhecimento, lembrança espontânea, intenção de compra, impressão, qualidade, consideração, recomendação, satisfação e *buzz* (barulho). Segundo David Eastman, diretor-geral da Pointlogic América Latina, que promoveu a pesquisa: "As marcas que geram mais *buzz* tipicamente têm planos de comunicação bem elaborados e criativos, que visam especificamente comunidades de consumidores – muitas vezes lideradas por influenciadores *online*" (Meio & Mensagem, 2017).

Para uma marca executar com sucesso o marketing 3.0, há alguns ingredientes fundamentais a considerar. Primeiro, compreender que "as pessoas não compram o que você faz, elas compram O POR QUE você faz". Esta frase é de Simon Sinek (2012), que criou a teoria do *golden circle* (círculo dourado) para explicar o que torna algumas marcas adoradas, enquanto outras são apenas competentes. Sinek alerta que a maioria das empresas se comunica de fora para dentro do círculo, ou seja, conta para os clientes *o que* tem ou faz em termos de produtos/serviços, e suas especificações técnicas e configurações. Outras elevam o nível da conexão com o cliente explicando *como* funcionam os produtos, seus benefícios tangíveis e funcionais. Mas as empresas que conseguem apaixonar os clientes e criar vínculos de lealdade são aquelas que explicitam o *porquê*, a visão inspiradora que está na origem do negócio e o compromisso maior que estão assumindo para fazer a diferença na vida dos consumidores ou da sociedade, como ilustrado na figura 10.

Figura 10
O "círculo dourado" de Simon Sinek

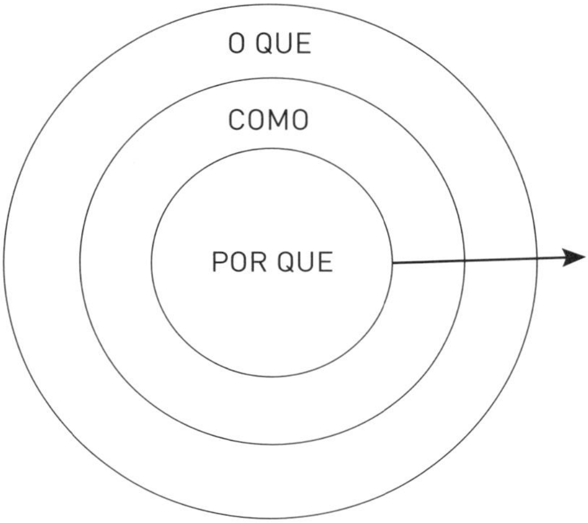

Fonte: Sinek (2012).

Caso tenha interesse em conhecer mais as ideias do Simon Sinek, acesse o código da figura 11.

Figura 11
TED Talk com Simon Sinek sobre o *golden circle*

Ou acesse: goo.gl/4cXFRc

Um bom trabalho de *branding* se iniciará por resgatar esses valores essenciais que estão na gênese do negócio e, a partir disso, estabelecer seu posicionamento, construir o manual de identidade da marca, o conceito de cada produto, suas estratégias, a arquitetura do portfólio, o nome das linhas, dos produtos e projetos. Finalmente, consolidar tudo isso na cultura organizacional por meio do endomarketing e, dessa forma, introjetar esses valores nos empregados, para facilitar suas decisões gerenciais e garantir a manutenção e o crescimento do valor da marca.

Tendo em vista a importância estratégica da marca, duas providências básicas deverão ser tomadas: garantir que alguém dentro da organização fique responsável por ser o guardião dos valores e o facilitador interno para todos os departamentos, o que é feito de diversas formas, desde criar cargos específicos como gerente da marca e gerente da cultura, ou atribuir a responsabilidade às chefias de marketing e comunicação; e estabelecer indicadores de acompanhamento do *brand equity*. O mercado já oferece diversas metodologias de avaliação de marca (*brand valuation*) baseadas em critérios bastante variáveis. Isso se explica pelo fato de que estamos no terreno dos intangíveis e da subjetividade; então, o entendimento de cada consultoria sobre a forma de medir itens como lealdade, admiração, reputação, força, vínculo ou engajamento é naturalmente diferente. Por esse motivo as metodologias são, inclusive, proprietárias e protegidas por direitos autorais. Em comum, podemos afirmar que todas elas partem da necessidade de a marca ser conhecida, ser relevante e cumprir suas promessas com excelência. Não se sabe de marcas no topo dos *rankings* de *brand equity* – como publicados anualmente pela Interbrand, Reputation Institute ou Millward Brown – que tenham má performance de qualidade e clientes insatisfeitos.

Agora, que vimos o aspecto mais abrangente da comunicação das empresas, vamos, no próximo capítulo, nos deter mais nos fundamentos de uma boa comunicação.

3
O composto de comunicação

A comunicação é a atividade humana que promove a conexão entre as pessoas, criando uma rede de relacionamentos de diversas naturezas e que também está presente em muitas das atividades de criação de valor promovidas pelo marketing. Neste capítulo, vamos explorar os principais conceitos sobre o processo de comunicação e as ferramentas utilizadas por gestores em suas atividades.

O processo de comunicação

Em um ambiente cada vez mais conectado, no qual a multiplicidade de meios de comunicação cresce na mesma medida que a proatividade dos consumidores para interações entre si e com as organizações, os programas de comunicação das empresas demandam constante atualização. Podendo ser definida como um meio pelo qual as empresas informam, convencem e lembram seus consumidores de sua existência, a comunicação de marketing contempla um mix de canais para a devida propagação da mensagem, de maneira que seja possível estimular vendas e desenvolver o *brand equity* (Kotler e Keller, 2015).

No entanto, ela só tem um resultado positivo quando há o devido conhecimento sobre os aspectos fundamentais do processo de se comunicar. Para um melhor entendimento dos conceitos explorados a seguir, vamos, primeiramente, observar o processo de comunicação a partir do clássico modelo proposto por Lasswell (1948), mostrado na figura 12.

Figura 12
Processo de comunicação

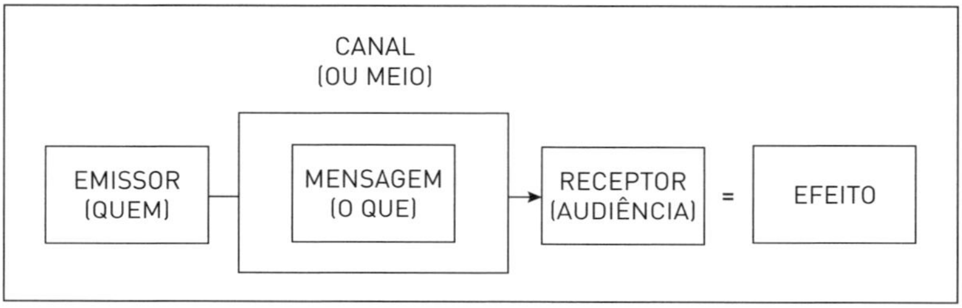

Fonte: Lasswell (1948).

Segundo esse modelo, temos um emissor que é responsável pela criação da mensagem, o meio ou canal pelo qual é transmitida, o ruído que pode interferir no processo de comunicação, um receptor que decodifica o conteúdo enviado e, por último, o *feedback*, que é a reação ou resposta ao emissor. Tenha em mente que esse processo acontece independentemente de o emissor ser uma pessoa ou uma empresa.

Até meados da década de 2000, parte da população brasileira tinha acesso a plataformas de comunicação unilateral, como TV, rádio, cinema e jornal. Esse tipo de relação, do ponto de vista de trânsito de conteúdo, permite que uma ideia seja compartilhada apenas com os envolvidos diretamente no processo de comunicação, ou seja, de um para um. Nesse cenário, caso um consumidor tivesse uma experiência negativa com o produto de uma empresa, poderia enviar um *e-mail* para o SAC, contar para um amigo ou familiar, o que não teria grande impacto na imagem da marca. A mensagem ficaria restrita a um pequeno grupo de indivíduos.

Ainda pela perspectiva do fluxo unilateral, um grupo de organizações possuía acesso a ferramentas de comunicação que concentram as mensagens em apenas um emissor e as distribuía para muitos receptores. Talvez um dos melhores exemplos dessa dinâmica seja a TV, na qual um anunciante selecionava um veículo específico, veiculava seu anúncio e emitia sua mensagem para um grande número de pessoas ao mesmo tempo. A figura 13 ilustra a dinâmica.

Figura 13
Mensagem concentrada em um emissor

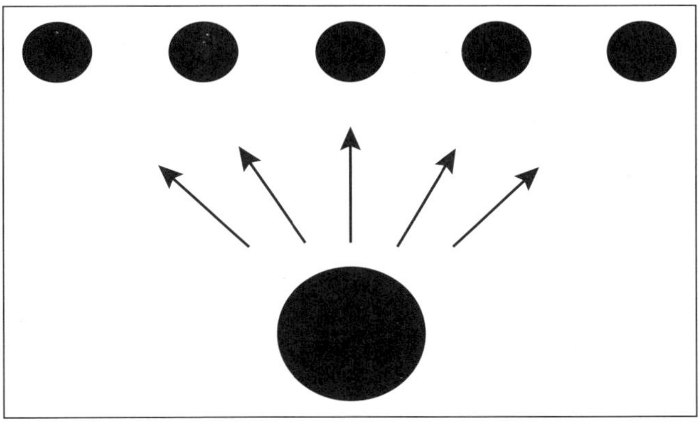

No entanto, no que se refere ao formato do modelo e dinâmica de trocas, a realidade que encontramos atualmente é bem diferente. Em função das muitas ferramentas digitais conectadas na internet, não há mais a concentração de mensagem vista anteriormente, pois a conexão, agora, acontece de muitos para muitos. As redes sociais na internet, como o Facebook e o Twitter, promovem a estruturação de laços sociais múltiplos e simultâneos, que permitem um compartilhamento rápido das mensagens, alterando completamente a dinâmica dos fluxos de informação, como mostrado na figura 14.

Figura 14
Comunicação multilateral

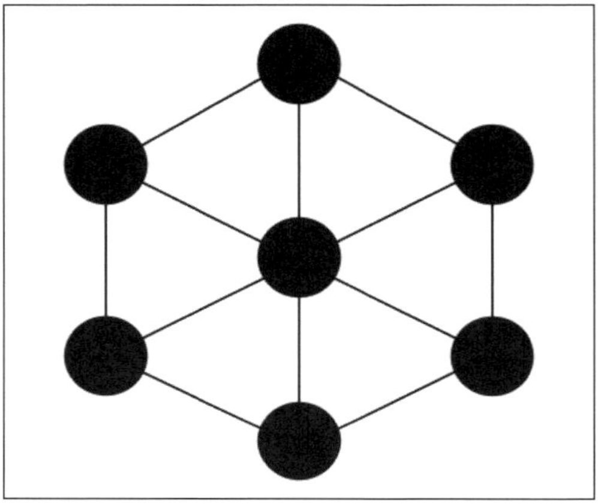

Fazendo um paralelo com o modelo de Lasswell (1948), nessa estrutura temos um emissor que pode desempenhar o papel do receptor em alguns momentos, por exemplo, o que mostra como as regras do jogo foram completamente alteradas por conta das tecnologias da informação e comunicação. O poder que antes estava concentrado nas mãos das grandes corporações e empresas de mídia foi compartilhado com as pessoas, o que promoveu um maior equilíbrio nas dinâmicas do mercado.

Compreendidos os fundamentos dos fluxos comunicacionais, é hora de abordarmos a questão estratégica do mapeamento da estrutura de públicos que envolve uma organização.

O ecossistema de públicos de uma organização

Em muitas discussões sobre a comunicação de marketing, encontramos referências sobre os impactos das empresas nos diversos membros participantes de um mesmo ambiente de negócios. Como mostra Freeman (1984), esses indivíduos ou grupos que afetam e podem ser afetados direta ou indiretamente pelas decisões de uma organização recebem o nome de *stakeholders*, termo que representa uma evolução da tradicional visão de públicos internos/externos ou diretos/indiretos. Encontraremos esse termo substituído, conforme a área de atuação, por "partes interessadas" (gestão de projetos) ou "públicos intervenientes" (direito). De difícil tradução para o português, embora já amplamente difundido e usado pelos gestores, o termo *stakeholder* é a contração das palavras *stake* (algo em jogo, aposta) e *holder* (quem detém, possui). Portanto, refere-se a qualquer grupo de indivíduos que possuem algo em jogo em relação à atuação da organização, seja um impacto negativo ou positivo, e que assim terão um posicionamento positivo de boa vontade e lealdade, ou negativo de rejeição e confronto.

Uma das tarefas mais importantes do trabalho de marketing e comunicação é mapear adequadamente o ecossistema de *stakeholders* da organização e estabelecer o nível de importância – para o bem ou para o mal – que cada um deles representa. Se cada público possui uma necessidade de informação ou mesmo de relacionamento, não se pode negligenciar seu poder e consequente impacto na imagem da marca no mercado, assim como o possível prejuízo da empresa em sua capacidade de geração e retenção de valor.

Um caso bastante significativo no Brasil é a situação com a empresa Samarco, paradoxalmente premiada por diversas vezes em razão de suas boas práticas de comunicação institucional e sustentabilidade. Como amplamente noticiado, no final de 2015 houve o rompimento da barragem de rejeitos da mineradora em Mariana, Minas Gerais, ocasionando o que é considerado um dos maiores desastres ambientais da história do país. Foram mais de 500 vítimas diretas, sendo algumas fatais, duas cidades extremamente impactadas pelos resíduos e falência de parte do ecossistema do rio Doce. A empresa, que em 2013 e 2014 tinha uma imagem favorável para aproximadamente 72% das comunidades do entorno dos locais de exploração e 74% para o público interno (Samarco, 2013, 2014), figurava nas principais manchetes e discussões sobre responsabilidade socioambiental, valor de marca e gestão de crise.

Desde o início, as decisões para contingenciamento da crise não foram as mais acertadas. Conforme apontado em matéria da revista *Exame* (2016a), uma onda de revolta emergiu com força pelas redes sociais, mídia e, principalmente, na população diretamente afetada. Um dos grandes pontos de questionamento foi o lançamento de uma campanha que tinha a mensagem "É sempre bom olhar para todos os lados", na qual o objetivo seria suavizar a percepção negativa da organização por meio de anúncios na TV aberta, *outdoors*, *site* e outros canais que mostravam as soluções propostas. O esforço não foi bem recebido e acabou criticado por diversas pessoas, em função da abordagem distante da realidade e da ausência das lideranças da empresa.

Repare que, em um caso como esse, muitos são os *stakeholders* envolvidos, e por isso é crucial o devido entendimento das necessidades de informação e da dinâmica de relacionamento para o gerenciamento da situação.

Tradicionalmente, entretanto, temos o costume de olhar para os *stakeholders* de forma linear e fragmentada. A gestão de *stakeholders* em projetos, por exemplo, categoriza e isola os diversos grupos de públicos em *grids* e diagramas, e a partir disso estabelece um *ranking* do risco de cada um, para "calibrar" os esforços de relacionamento e comunicação, essenciais ao sucesso de qualquer projeto. Estima-se que 56% do risco de não cumprir prazos, orçamento ou ter o projeto aprovado devem-se a problemas ligados ao fator humano (PMI, 2013), e especificamente naqueles casos em que há impactos socioambientais envolvidos, obter a licença social é tão importante quanto atender a legislações ambientais. Entretanto, grupos de pessoas não funcionam como sistemas lineares, e sim sistemas vivos, com relações altamente dinâmicas e complexas de interdependência e imprevisibilidade.

Assim, é preciso olhar essas dinâmicas de forma tridimensional, pois quando um grupo está em relacionamento com outros, seu comportamento muda significativamente, mais do que quando é visto como uma parte isolada. Sá e Oliveira (2016) sugerem a formação de *clusters* (ou conjuntos) de *stakeholders* a partir do nível de energia relacional resultante de determinado agrupamento de públicos, combinando quatro variáveis (4 Is): o nível de *impacto* ou mudança que cada um sofrerá; o *interesse* positivo ou negativo no empreendimento, conforme seja beneficiado ou prejudicado; a *incidência* ou quantidade de impactos que o afetam e, portanto, o tornarão mais ou menos sensível; e o grau de *influência* ou poder de mobilização, denúncia e enfrentamento. Sendo assim, quanto maior o nível de energia de um *cluster*, mais ele merecerá atenção, frequência de relacionamento e comunicação, seja para transformá-lo em um aliado e multiplicador, seja para neutralizar controvérsias e eliminar eventuais desinformações. Para ilustrar a dinâmica, a figura 15 sugere um processo de mapeamento de *stakeholders*.

Figura 15
Mapeamento tridimensional dos *stakeholders*

Ou acesse: goo.gl/BJnCnM

Outro ponto importante é estabelecer a diferença entre *stakeholder* e público-alvo (ou *target*). Enquanto o primeiro trata de categorias genéricas de públicos que podem ser desdobradas em subcategorias, o segundo diz respeito a quem será o foco das ações específicas de um planejamento ou criação de um produto/serviço. Por exemplo, toda empresa tem *stakeholders* "clientes", entretanto pode haver uma oportunidade ou problema pontual num subgrupo como "famílias", "jovens", "*gays*", que se tornarão, então, os públicos-alvo para suas ações. O público-alvo ou *target*, pela perspectiva de marketing, pressupõe um conjunto de indivíduos que compartilham características comuns, como preferências, intenções, estilo de vida e localização, que podem ser explorados para atingimento dos objetivos do negócio (AMA, 2017).

Embora seja imprescindível ter o ecossistema de públicos totalmente mapeado, nem todos os *targets* merecerão – nem haveria verba suficiente para isso – esforços específicos de comunicação e marketing a cada ano-base, podendo ser atingidos de forma residual e colateral.

A seguir, veremos alguns conceitos importantes para a comunicação se desenvolver de forma eficaz entre os interlocutores.

Conceitos de homofilia e heterofilia

A palavra "homofilia" origina-se do grego *homoios*, que significa semelhante ou igual, e o conceito de homofilia/heterofilia foi introduzido por Lazarsfeld e Merton (1954) para explicar o quanto dois indivíduos são semelhantes ou diferentes em questão de valores, educação, interesses e nível social.

A comunicação ocorre mais frequentemente entre indivíduos homófilos (semelhantes), devido à sua compatibilidade natural e consequente abertura para trocas de informação e mudanças de atitude e comportamento. Porém, isso os coloca em pé de igualdade quando se trata de disseminar novidades, e aí a heterofilia entra em cena, pois é necessário que haja uma desigualdade de conhecimento entre dois indivíduos para a informação fluir (Rogers, 1983).

Muitas vezes o emissor da informação é muito heterófilo em relação aos membros do grupo social com quem precisa interagir, havendo problemas de compreensão – as chamadas dissonâncias cognitivas. Assim, é necessário um porta-voz mais parecido com o perfil do grupo, ou seja, mais homófilo a ele. A homofilia faz com que a informação flua horizontalmente dentro do sistema social, diminuindo a velocidade do processo de disseminação, que para ser bem-sucedido precisa fluir verticalmente, atingindo outras camadas de público.

Dificilmente se verá um indivíduo de nível educacional mais alto, por exemplo, interagir de forma fluida e sem ruídos com outro menos letrado – pois são heterófilos demais. O mesmo acontece com pessoas de culturas, idiomas, religiões e visões de mundo diferentes, o que representa um desafio ainda maior num mundo globalizado e hiperconectado em rede. O exercício de transpor barreiras socioculturais, promover a correta compreensão de costumes, "falar a mesma língua" e exercitar a tolerância com o diferente é uma questão que se apresenta com frequência aos profissionais de comunicação e marketing, por exemplo, ao desenvolverem produtos, embalagens, peças publicitárias e posicionarem suas marcas. Se mal trabalhada, essa questão poderá gerar polêmicas e rejeições tão grandes, a ponto de ser necessário descontinuar campanhas ou recolher produtos, como já foi exemplificado nos capítulos 1 e 2, quando mencionamos os casos de Novalfem, Boticário, Friboi e GAP, entre outros.

Por outro lado, um exemplo de bom aproveitamento dessa dinâmica social são as comunidades de marca, definidas como grupos de pessoas que possuem interesses em comum por ela, e por isso criam um universo social paralelo rico em valores, rituais, mitos, vocabulário e hierarquias. Imagine a página da L'Oréal Paris

Brasil, uma das maiores do país no Facebook, com seus milhões de fãs conectados em função dos significados que a marca possui e interessados nos conteúdos publicados diariamente.

Se pensarmos bem, todo novo produto ou serviço deve trazer alguma novidade em relação aos seus antecessores, buscando oferecer uma vantagem competitiva sobre os concorrentes ou um benefício extra para os consumidores. O mercado tem de evoluir, e a inovação é essencial para isso. Entretanto, todo produto/serviço novo também representa um risco para o consumidor. Se o preço da oferta for baixo, o cliente provavelmente aceitará com maior facilidade correr esse risco, mas, quanto mais alto, mais ele vai depender de uma complexa dinâmica no processo de persuasão e decisão de compra. Preço não é a única variável de risco; também pesam sair da zona de conforto e mudar hábitos ou modelos mentais; ter medo de alguma desaprovação social ou penalidade governamental, como taxações ou restrições de uso; a dificuldade de manuseio ou compreensão do próprio conceito do produto, no caso de inovações muito disruptivas; infraestrutura de assistência técnica muito limitada, entre outros.

A difusão de uma inovação acontece segundo uma curva de adoção (Rogers, 1983), distribuída pelos vários perfis de usuários, de acordo com sua maior propensão de se expor ao risco. Essa propensão varia de grupo para grupo e depende do tipo da inovação em questão. A adoção sempre começa devagar e depois dá uma "arrancada", à medida que mais pessoas vão incorporando a novidade, até finalmente começar a diminuir, já que sobram poucos indivíduos que ainda não a adotaram. Conforme mostrado pela figura 16, a curva de adoção pode ser dividida em dois grupos de público mais amplos: os visionários e os conservadores.

Os visionários são compostos pelos inovadores – mais vanguardistas e ousados, antenados com as novidades antes mesmo de serem lançadas – e pelos primeiros adeptos; os conservadores são aquelas pessoas mais pragmáticas e cautelosas, e subdividem-se na maioria inicial e na maioria tardia – que só adotam algo quando alguém já experimentou antes –, além dos retardatários, aqueles que só se rendem à inovação quando já não é mais possível encontrar as antigas versões ou ficar fora do novo padrão do mercado.

Figura 16

Curva de adoção de inovações

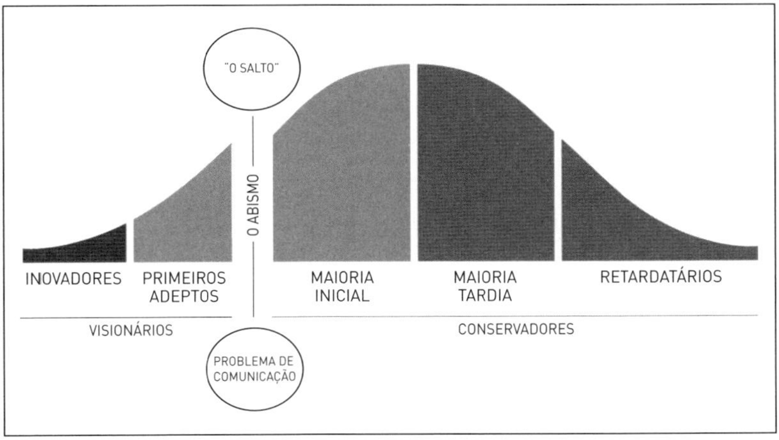

Fonte: adaptada de Rogers (1983).

Moore (2006) chamou a atenção para a existência de um "abismo" entre os visionários e os conservadores. Como têm perfis e valores diferentes (são heterófilos), eles não estabelecem uma boa comunicação nem uma relação de confiança suficiente para que a opinião de uma pessoa inovadora possa persuadir uma pessoa pragmática/conservadora a assumir riscos e adotar determinada novidade. Somente com a introdução de muita informação no sistema social e o estabelecimento de "pontes" entre esses dois grupos, fazendo um reforço positivo que consiga vencer o medo do risco, é que será possível transpor esse abismo, que acontece no momento em que 15% a 18% do público foram convencidos a adotar.

É aí que entra em cena o papel estratégico dos formadores de opinião ou influenciadores, que serão analisados a seguir. Os membros de um sistema social buscam referência nos formadores de opinião pela sua competência técnica superior, pelo saber que julgam que eles possuem, por funcionarem como uma porta de entrada confiável para informações novas no sistema.

Se você assistir ao TED Talk com Simon Sinek sobre o *golden circle* que inserimos no capítulo 2, poderá ter uma melhor compreensão do que estamos falando aqui.

A visão moderna de difusão de inovações tornou-se mais holística, e não mais linear e simplista. O "abismo" poderia ser consequência de uma falha em fornecer comunicação adequada e suficiente? Será que a difusão foi trabalhada suficientemente junto à parcela menos esclarecida, abraçou a diversidade do grupo social, ou foi dirigida somente a semelhantes, homófilos dentro do sistema?

Os conceitos de valor compartilhado, responsabilidade social e ecossistema de *stakeholders* são típicos dessa nova forma de ver o mundo como uma teia interdependente, de relacionamentos complexos e mutuamente impactantes entre as pessoas.

Quem são os influenciadores?

Os formadores de opinião ou influenciadores são aqueles membros que melhor expressam a estrutura de um sistema social. Eles adquirem e mantêm essa posição por meio da sua notória competência, seu alto grau de relacionamento dentro do grupo e conformidade com suas normas. Têm a capacidade de persuadir e servir de modelo para os demais membros do sistema e, por isso, cumprem um importante papel de inspirar mudanças de comportamento e atitudes. Raramente são os pioneiros na adoção de uma inovação, pois os mais inovadores são vistos como desviantes das normas do grupo, a vanguarda ultraousada que está mais aberta a correr riscos – os visionários. Formadores de opinião podem, por exemplo, ser totalmente contrários às inovações e extremamente conservadores se a cultura predominante do grupo social for conservadora. Lembre-se, leitor, parte do motivo pelo qual são confiáveis é o fato de se comportarem dentro das normas do grupo.

De maneira geral, os formadores de opinião são indivíduos bastante cosmopolitas, o que significa ter um alto grau de contato com membros fora da sua rede social. São muito bem informados e possuem uma posição social mais elevada. Porém, sua característica mais marcante é a de estarem posicionados bem no centro das redes de comunicação do sistema e, com isso, terem grande poder de influenciar seus membros (Rogers, 1983). É o caso de pessoas de destaque em seus respectivos setores de atuação e com fácil acesso à mídia, como cientistas, empresários, artistas e esportistas. Atualmente, com as mídias sociais, percebemos a emergência de um novo grupo claramente importante para o marketing: são os chamados *influencers* – blogueiros, *instagramers* e *videocasters* com milhões de seguidores; eles ditam tendências e vêm sendo usados para divulgar marcas.

Como mostra a pesquisa de Lima e Nunes (2015), há uma relação de influência considerável quando a recomendação de usar um produto vem de outra consumidora cuja história é semelhante à sua, gerando um alto número de curtidas, comentários e compartilhamentos da dica. Repare que estamos falando de pessoas comuns e que têm relativo poder nessa situação. Alguns podem questionar: então a contratação de um famoso ator, como Tony Ramos, para a campanha da marca Friboi está errada? Deveria ser um jovem *youtuber* churrasqueiro? A resposta é: não necessariamente. Não podemos esquecer que toda escolha deve obedecer ao critério da relevância para o público-alvo, que no caso da empresa de carnes talvez não tenha alinhamento com os significados evocados, por exemplo, pelo Salt Bae, *chef* turco especializado em carnes que teve um de seus vídeos viralizados no início de 2017.

Tradicionalmente, o uso de formadores de opinião e celebridades associadas à TV é uma das primeiras opções de muitos gestores, mas como apontado pela *Youpix Influencers Market* (2016), conforme figura 17, uma das principais pesquisas sobre o tema até o momento, há uma crescente escolha por influenciadores digitais, dada sua capacidade de conexão emocional, espontaneidade, alcance qualificado, linguagem especializada e influência direta no consumo. Em geral, os que conseguem disseminar uma mensagem de maneira espontânea e natural tendem a ser os mais escolhidos pelas empresas, pois a conexão gerada entre as partes e o envolvimento com a marca são reflexo da cumplicidade da audiência, e não do número de fãs ou visualizações. Conheça outros dados e *insights* da pesquisa acessando o código da figura 17.

Figura 17
Pesquisa *Youpix Influencers Market* 2016

Ou acesse: goo.gl/x0oq8b

Há todo um ecossistema em formação quando o assunto é a influência exercida por alguns nomes, independentemente de ser fora da internet, no YouTube, Instagram ou Facebook. Para se ter uma ideia, a pesquisa fez uso dos profissionais cadastrados na Airstrip, plataforma que possui mais de 230 mil influenciadores, e verificou que apenas 2% deles geram 54% das interações, o que totaliza aproximadamente 7,2 bilhões de interações, como curtidas e comentários. Observando esses números, por outro lado, deve-se ter cuidado para não assumir que somente os grandes perfis são interessantes para trabalhar.

Mesmo que estejamos no início das discussões, você já encontrará uma divisão entre esses profissionais em função dos números de seguidores, fãs, inscritos e visualizações gerados, o que aponta para a necessidade de se definir um critério não somente quantitativo para sua contratação. Há os *top* influenciadores, como os famosos Whindersson Nunes, Julio Cociello, Felipe Castanhari e Felipe Neto, que já estiveram em listas dos *youtubers* mais influentes do mundo e fazem campanhas para grandes marcas. Já os microinfluenciadores, aqueles com 2 mil, 5 mil, 10 mil seguidores no Instagram, por exemplo, mas com alto poder de influência em função da proximidade com o público, podem ser úteis em situações de hipersegmentação por nicho ou mesmo para empresas de pequeno e médio portes. Segundo Pyr Marcondes em entrevista para Meio & Mensagem (2016), o microinfluenciador:

> É o *influencer* do bairro. O *influencer* de uma microcomunidade *online* muito específica. Um especialista em pequenas coisas, pequenas causas, microtribos e temas pontuais. Um carismático rei das minorias. [...] Eles são, em seu conjunto, a mais nova força de mídia deste doido mundo interativo e conectado, um mundo que pela primeira vez em nossa história deu voz ao microespaço digital, que somos cada um de nós, em nossa individualidade *online*. E nossas microcomunidades.

Cada vez mais nos deparamos com tradicionais *displays* em ponto de venda (PDV) e anúncios de 30 segundos em TV aberta ou fechada tendo um influenciador como um dos personagens principais. A operadora Vivo contratou o Cellbit, jovem *youtuber* que possui mais de 4 milhões de inscritos no YouTube, para contracenar com Ivete Sangalo no anúncio sobre a oferta Vivo Turbo 4G, reforçando o atributo do produto e posicionamento da marca. Já a Pantene estruturou uma plataforma de comunicação integrada para a promoção do primeiro *reality show* para cabelos. A intenção da marca era revelar uma estrela para sua nova campanha ao longo dos episódios exibidos no YouTube e MTV. Comandado pelo influenciador Hugo Gloss, o programa ainda teve a participação de especialistas, como o *hair stylist* Thiago Fortes, e *it girls*, que são criadoras de tendência e moda, como Camila Coutinho e Thássia Naves (Adnews, 2016).

Para selecionar o influenciador ideal para sua campanha de comunicação, não há um caminho único. No entanto, antes da escolha, sugerimos, leitor, que considere os seguintes pontos:

- Estabeleça o que pretende ao contratar um influenciador como canal de comunicação de marketing para sua empresa. Tenha claro seu objetivo.
- Abordagens diferentes geram resultados diferentes, ou seja, influenciadores, mesmo que de um mesmo tema, geram interações e respostas diferentes.
- Os *top* influenciadores vão gerar resultados completamente diferentes dos microinfluenciadores. Tenha em mente o que cada um pode fazer por seu projeto.

A partir do alinhamento interno realizado, considere os seguintes aspectos:

- *Mapeamento de tópicos*. Sua marca está e pode ser inserida em algumas categorias de assuntos e conversas. Como cada influenciador fala sobre um tópico, é preciso saber em quais contextos há relevância.

- *Identidade.* Sua marca possui um conjunto de valores que são identificados de maneira visual e textual. Por isso, é importante que o influenciador possua alinhamento com esse universo semântico, seja em forma de discurso, texto, imagem, som ou vídeo.
- *Números da base.* Não existe um parâmetro único para medir a influência e o envolvimento dos seguidores do influenciador. No entanto, como sugestão, observe os números pela regra da participação desigual, famosa na cultura de internet: 1% gera conteúdo, 9% interagem ou editam esse conteúdo e 90% apenas consomem de maneira passiva. Ou seja, se o influenciador tem uma base de 100 mil seguidores e, em média, de 1% até 10% de interações por postagem, possivelmente sua base de usuários e interações seja verdadeira. Caso esteja fora dessa média, faça uma pesquisa para verificar a autenticidade dos seguidores e interações. Lembrando que os números e taxas são apenas ilustrativos.
- *Profissionalismo.* Evite a contratação de influenciadores que, aparentemente, não trabalhem com algum formato de mídia. A falta de conhecimento sobre a própria rede e práticas de mídia pode ser nociva para sua marca.
- *Contratação.* Faça uma separação entre os influenciadores que aceitam receber produtos de graça e dar sua opinião, e os que só publicam mediante pagamento. Procure entender quem se ajusta melhor ao seu momento.
- *Pagamento.* Como existem formatos de mídia diferentes, como postagem paga, *tweet* pago, presença em eventos, Instagram Stories e outros, peça ao influenciador seu mídia *kit*, ou seja, sua apresentação com casos, formatos e valores cobrados.

O critério qualitativo é o primeiro a ser considerado, pois lembre-se, leitor, de que a conexão entre pessoas é dada pela similaridade de preferências, valores e visões de mundo. A recomendação e a receptividade acontecem pela força da influência em determinado contexto, assunto e especialidade, como sugerido por Recuero (2009) quando discute o capital social de indivíduos em uma rede social. O fator quantitativo deve vir na sequência, de maneira que, dentro desse contexto de alta relevância, a mensagem seja disseminada para o maior número de pessoas possível.

Entretanto, de nada adianta a correta seleção do profissional como influenciador da marca sem que haja um alinhamento prévio com o momento de compra dos consumidores. Por exemplo, quando não há conhecimento sobre a oferta, a necessidade de informações e o tipo de argumentação serão diferentes de quando o caso é uma recompra. Nesse sentido, é mandatório que o perfil do consumidor e sua jornada de consumo estejam mapeados para um melhor aproveitamento de oportunidades de influência.

Jornada do consumidor

No momento em que se define o público-alvo de uma campanha de comunicação, muitas vezes surgem as dúvidas: quem é, de fato, esse público? Que características ele possui?

Uma das diversas formas de se chegar às respostas é a utilização do *mapa de empatia*. Desenvolvida pela empresa Xplane, a ferramenta contribui para o desenho de públicos assumindo suas perspectivas de vida, visão de mundo e comportamentos, não tendo foco puramente em dados usados de forma tradicional, como os demográficos ou geográficos. O mapa é composto pelas seguintes seis dimensões:

1) O que ele vê: o que enxerga ao seu redor.

2) O que ele pensa e sente: o que pensa sobre a vida.
3) O que ele fala e faz: o que fala e como se comporta em público.
4) O que ele escuta: como o ambiente influencia seu comportamento.
5) Quais são suas dores: quais são as preocupações, faltas e riscos que enfrenta na vida.
6) Quais são seus ganhos: o que realmente deseja e como vai fazer para conseguir.

Na figura 18, você pode fazer o *download* do mapa de empatia.

Figura 18
Mapa de empatia

Ou acesse: goo.gl/es0aQY

Como produto do mapa de empatia, temos a possibilidade de formatar uma *persona* ou arquétipo que, para efeitos de exemplo, será um consumidor. Segundo Cooper et al. (2014), uma das principais referências no assunto, essa ferramenta funciona como uma representação abstrata do público desejado, tendo como base atitudes, comportamentos, aspirações e questões em determinado cenário. Então vejamos o exemplo do João, consumidor do Hotel Urbano, *site* para compras de viagens.

João tem 57 anos, é casado e tem três filhas adolescentes, sendo uma com 10, outra com 14 e outra de 20 anos. É administrador de empresas e sua esposa é fisioterapeuta. Morador do Rio de Janeiro, torcedor do Fluminense, gosta de ir à praia, comer biscoito Globo e tomar algumas cervejas enquanto curte a vista.

Quando era mais novo, assistia aos jogos no estádio, mas hoje prefere ver os jogos do seu time no *pay-per-view* da TV, com a família e vizinhos reunidos em casa. Aprecia um bom almoço preparado pela esposa. É do tipo que tenta se destacar para os amigos e vice-versa, seja com o carro novo, seja com quantas latinhas bebeu no último domingo. Adora uma comparação. Em sua casa, há um *desktop* comprado para a família e um *laptop* da filha mais velha.

Por ser mais moderno e prático, sempre recorre ao computador portátil para fazer pesquisas, mesmo que acabe comprando em uma loja física. O celular, que é um *smartphone*, não é usado para atividades que não sejam ligar e trocar mensagens. Há alguns meses, por pressão dos amigos e para vigiar as filhas, criou um perfil no Facebook.

As férias escolares chegarão em alguns meses e ele conseguiu ajustar seu recesso com o delas. Em conversa com sua esposa, pensa em relaxar um pouco e aproveitar. Mesmo não tendo viajado muito a lazer, tem conversado sobre isso com a esposa. Afinal, a aposentadoria está chegando. Gostaria de conhecer o Brasil.

Repare que a *persona* é carregada de aspectos simbólicos da vida do João, além de apontar para oportunidades de gerar valor em seu dia a dia. Fazendo dessa forma, o trabalho de planejamento de comunicação de marketing ficará mais rico e, possivelmente, terá mais sucesso. De maneira clássica, o comportamento desse consumidor pode ser acompanhado utilizando o funil de compra como base, conforme esquema da figura 19.

Figura 19
Funil de compra

Fonte: Kotler e Keller (2015).

Sem dúvida, cada produto ou serviço terá uma dinâmica diferente nas etapas do funil, por exemplo um processo de busca de informações mais longo e aprofundado ou mesmo uma demora na tomada de decisão em função da natureza da compra, como na aquisição de um apartamento. Por outro lado, é possível afirmar que, independentemente do tipo de compra, a internet impacta em todo esse processo, como pode ser visto pelo *zero moment of truth* (ZMOT), conceito lançado pelo Google em 2011. Partindo do *first moment of truth* (FMOT), criado pela P&G em 2005 (WSJ, 2005), que considera o encontro com uma oferta na prateleira do PDV como o primeiro "momento da verdade" e o *second moment of truth* (SMOT) como o uso do produto, o ZMOT propõe que a busca *online* e seus resultados sejam considerados o novo "primeiro momento da verdade". Ou seja, é importante ter em mente que o consumidor vai utilizar mecanismos de busca para ter mais informações e comparar as ofertas de seu interesse antes de ter o contato com o produto em questão no PDV físico.

Um bom exemplo dessa dinâmica são os micromomentos, conceito apresentado pelo Google em 2015. Dado que mais de 94% dos usuários utilizam seus *smartphones* durante a realização de atividades corriqueiras, os momentos de buscar informações e avaliar as alternativas ganham mais dinamismo e importância (Google, s.d.). Reflita, leitor: quantas vezes por dia você faz consultas no Google para saber como escrever uma palavra? E para ter mais informações sobre um item da lista de compras e verificar o endereço do mercado? A lógica dos micromomentos é ampla e pode lhe ajudar nos processos de geração de valor ao longo da jornada do consumidor. Para saber mais sobre o conceito e *cases*, acesse o *site* do Google pela figura 20.

Figura 20
Micromomentos do Google

Ou acesse: goo.gl/Bbu2lk

Como fazer, na prática, o mapeamento da jornada do consumidor? O processo compreende, primeiramente, a coleta de dados por entrevistas em profundidade com o público-alvo, grupo focal, etnografia ou netnografia, *brainstorm*; outros dados virão de *sites*, institutos de pesquisa e outros. Na sequência, uma vez definida a *persona*, deve-se considerar uma atividade relacionada à proposição de valor da empresa em questão para que o processo seja continuado. Vamos retomar ao exemplo do João e a possibilidade de uma viagem em família, considerando a lógica do funil de compra:

1) *Reconhecimento da necessidade.* A primeira etapa compreende o gatilho para o reconhecimento de uma necessidade. No caso dele, foi durante uma conversa com seus amigos sobre como seriam as praias na Região Sul do país, pois se deu conta de que nunca havia estado em outras que não as do Rio de Janeiro.
2) *Busca por informações.* Em seguida, chegando à sua casa, pegou o jornal para ler as matérias relacionadas a turismo e lazer, e encontrou um extenso conteúdo que apontava os melhores destinos de praia no Brasil. Na sequência, começou a buscar

no Google informações e fotos dos locais sugeridos pelo jornalista.

3) *Avaliação das alternativas*. Em uma série de buscas, selecionou os três destinos que mais chamaram sua atenção: Jurerê, Ferrugem e Rosa. Em seu Facebook, mesmo sem grande intimidade com a ferramenta, perguntou aos amigos quem já havia ido e quais recomendações fariam em termos de hospedagem, aluguel de carro e transporte aéreo. Ao mesmo tempo que navegava pela rede social e em *sites* de turismo, era impactado por anúncios do Hotel Urbano com ofertas para sua viagem. Ainda sem uma decisão, visitou uma agência de turismo no *shopping* próximo de sua casa.
4) *Decisão de compra*. Não satisfeito com os valores e pacotes encontrados na loja física, retornou para a internet e acessou o *site* do Hotel Urbano, onde constava uma promoção para um *tour* pelas praias do Sul. Imediatamente, chamou sua filha mais velha para ajudá-lo no processo de compra da viagem.
5) *Comportamento pós-venda*. Após terminar a compra no *site*, João recebeu um *e-mail* com a confirmação de pagamento, um roteiro sugerido para os locais, telefones de contato e a sugestão para *download* de um aplicativo de viagens que oferece descontos em estabelecimentos parceiros do Hotel Urbano. Além disso, mesmo sendo um negócio digital, recebeu uma carta física de boas-vindas e agradecimento pela compra, visto que o sistema alocou seu perfil em um grupo de consumidores que valorizam esse tipo de ponto de contato. Assim, a jornada do João tem o sequenciamento apresentado no quadro 1.

Quadro 1
Exemplo da jornada do consumidor

	Funil de compra				
Ponto de contato	**Reconhecimento de necessidade**	**Busca por informações**	**Avaliação das alternativas**	**Decisão de compra**	**Comportamento pós-venda**
Relações sociais	1. Conversa com amigos				
Jornal		2. Matérias sobre melhores destinos			
Google		2.1 Buscas pelas praias sugeridas no jornal			
Facebook			3. Indicações no Facebook		
Sites especializados			3.1 Anúncios do Hotel Urbano	4. Compra efetuada no Hotel Urbano	
Loja física			3.2 Visita à loja física para verificar pacotes		
E-mail marketing					5. *E-mail* sistêmico de confirmação de pagamento
Aplicativo					5.1 *Download* do aplicativo sugerido
Carta física					5.2 Agradecimento pela compra

Diversas seriam as possibilidades para que a jornada do João fosse expandida, atualizada ou alterada por completo. Por exemplo, pode fazer uma avaliação de sua experiência ao longo do processo de compra logo após finalizar a transação; o processo será responsável por gerar nele uma série de expectativas de como será sua viagem. Entretanto, uma nova avaliação acontecerá quando ele realizar a viagem propriamente dita, à medida que utilize o voo, o hotel e os *tours* comprados. Essa avaliação poderá frustrar, confirmar ou exceder as expectativas que foram criadas anteriormente; por isso é importante que as empresas envolvidas na venda sejam o mais precisas e detalhadas possível no fornecimento das informações ao longo do processo.

Se João tivesse comprado, por exemplo, um imóvel em construção, seria preciso criar novos pontos de contato e relacionamento até o momento da entrega das chaves, de modo a administrar sua ansiedade e evitar o arrependimento pela compra. Pensando em um produto mais simples, como um eletrodoméstico, o fornecimento de informações relativas ao uso será de grande relevância, seja via manuais ou nas embalagens, além do *call center* ou *site* para esclarecer dúvidas ou receber reclamações e atender às necessidades de assistência técnica. Para facilitar o início de seus estudos sobre o tema, sugerimos fazer o *download* do mapa simplificado da jornada do consumidor que segue na figura 21.

Figura 21
Mapa da jornada do consumidor

Ou acesse: goo.gl/Vu9FDN

Para finalizar, tenha em mente os seguintes princípios:

- *Automação.* Procure fazer bom uso dos recursos tecnológicos para abastecer seu sistema de inteligência, e assim programar as interações com os consumidores de maneira automatizada e instantânea.
- *Personalização.* É muito importante que o consumidor perceba as comunicações e ofertas sendo direcionadas de forma

precisa. Busque a maior conexão possível com o consumidor e personalize o momento. Isso certamente contribuirá para uma satisfação maior.

- *Proatividade*. Como há um grande volume de informações sobre o consumidor, procure antecipar suas demandas. Esteja sempre à frente das discussões e, com *up-selling* e *cross-selling*, por exemplo, otimize sempre que possível a relação de consumo.
- *Inovação*. Não pare de inovar. Busque o constante aperfeiçoamento das capacidades de criação e entrega de valor ao longo da jornada do consumidor. Não esqueça que ele é informado, exigente e tem muito poder.
- *Promessas*. Tenha cuidado com as promessas feitas nas fases anteriores ao pós-compra. Seja verdadeiro e transparente. Se a oferta não atender às expectativas do consumidor, ele ficará frustrado, mas, se atender, ocorrerá a satisfação. Observe atentamente o processo de desconforto do consumidor gerado por um conflito pós-venda, que é chamado de dissonância cognitiva ou remorso do comprador.

Ferramentas de comunicação

Uma das decisões mais difíceis que um gestor de comunicação de marketing precisa tomar é a escolha dos canais e ferramentas de comunicação. Em meio ao constante desenvolvimento tecnológico e evolução das plataformas de mídia, cada vez mais as possibilidades para explorar propostas inovadoras e disruptivas tornam-se uma realidade.

A Tok&Stok, uma das maiores redes de móveis do Brasil, em parceria com o Pinterest, espalhou o característico alfinete vermelho por toda a loja, de maneira que cada consumidor que entrava tinha a possibilidade de adicionar o produto visto em seu catálogo ou *pin board*. Ou seja, ao passar por uma cadeira, por exemplo, bastava apertar o alfinete para o produto aparecer automaticamente no *pin board* do usuário. A ação, chamada de *pinlist*, baseava-se na tecnologia *bluetooth low energy*, que permitiu a comunicação entre o alfinete físico e o aplicativo do Pinterest instalado no *smartphone* do consumidor, promovendo uma experiência singular com a loja física, os produtos e a mídia social. Aqui, conforme a figura 22, você pode assistir ao *videocase* da premiada ação.

Figura 22
Ação realizada pela Tok&Stok

Ou acesse: goo.gl/4uoDZh

Outro grande exemplo de inovação e quebra de paradigma é a premiada série *House of Cards*, da Netflix. A empresa, desde a concepção do seriado, fez uso de *big data* para mapear e entender o comportamento dos consumidores, de forma que fosse possível alcançar o resultado esperado. Usando de extrema criatividade para o lançamento da nova temporada, a empresa aproveitou a corrida presidencial norte-americana e, no intervalo do debate entre os candidatos, veiculou um anúncio com a campanha eleitoral do personagem, o presidente Frank Underwood, na emissora que transmitia o evento. A campanha, de natureza *cross media*, imediatamente entrou na lista dos assuntos mais comentados (*trending topics*) do Twitter. Como suporte da mensagem, foram desenvolvidos *sites*, comitês eleitorais físicos, camisas promocionais e outras peças, como se fosse uma campanha real. A ação, que teve em seu composto de comunicação as ferramentas de publicidade, marketing de guerrilha e digital, foi premiada com o Grand Prix da categoria no Festival Cannes Lions 2016. Veja a figura 23 e assista ao *videocase*.

Figura 23
Campanha premiada de *House of Cards* em 2016

Ou acesse: goo.gl/CM2lOt

É importante considerar que, para cada natureza de projeto, um conjunto de ferramentas deve ser definido, sejam elas pautadas por tecnologia ou não. Além disso, é importante que a decisão sobre o tipo de ferramenta e estratégia de veiculação considere diferentes formatos de mídia, como a proprietária (*site*, página no Facebook, revista interna, perfil no Instagram), a paga (mídia *online*, anúncio em revista impressa, *outdoor*, um anúncio na rádio FM) e a conquistada (um *post* sem pagamento feito por um blogueiro, matéria espontânea no jornal, boca a boca).

Na sequência, disponibilizamos um resumo das principais opções usadas no mercado, como sugerido por Kotler e Keller

(2015), considerando suas características, formas de mensuração e pagamento.

Publicidade e propaganda

- *O que é*. A palavra "publicidade" vem do latim *publicus* (público) e significa, genericamente, divulgar e tornar público. A propaganda tem o objetivo de implantar, de incutir uma ideia, sendo proveniente do latim *propagare*, que significa reproduzir, multiplicar, estender e propagar. Como aponta o Conselho Executivo das Normas-Padrão (CENP, 1998), instituição brasileira que normatiza as práticas, publicidade e propaganda, são tratadas como sinônimos e definidas como a atividade de difusão remunerada de ideias, produtos e serviços de um anunciante identificado.
- *Quando utilizar*. Normalmente, quando a empresa necessita comunicar sua oferta para um grande público ao mesmo tempo ou no caso de a segmentação para o produto ou serviço em questão ser um pouco mais aberta, faz-se a opção pelo uso da propaganda em mídias de massa, como TV, jornal, revistas, *outdoor* e outras mais.
- *Como contratar*. Diversos são os formatos de contratação de uma agência, sendo o mais comum o pagamento por *fee*. Nele, há um valor periodicamente pago, independentemente do número de veiculações realizadas, somado ao BV ou bonificação por volume, que corresponde a aproximadamente 20% do valor negociado com o veículo pelo espaço de mídia desejado.

Promoção de vendas

- *O que é.* Um conjunto de ferramentas de incentivo que objetivam o estímulo para a compra rápida por parte dos consumidores. Muitas delas têm legislações restritivas, como é o caso de amostras grátis (*sampling*), raspadinhas, cuponagem e tudo mais que envolva o fator sorte. Outras possibilidades são *in-pack*, *on-pack* e *near-pack* – colocação de brindes, como os nomes já dizem, respectivamente dentro, sobre e próximo à embalagem do produto.
- *Quando utilizar.* Por vezes, a empresa necessita de um aumento rápido em sua receita ou possui estoque encalhado de determinado produto e, por isso, pode apostar em uma ação de promoção de vendas.
- *Como contratar.* A contratação de ações dessa natureza normalmente acontece por projeto. Ou seja, um anunciante envia o *briefing* para uma empresa especializada, é feito o orçamento, aprovação e posterior desenvolvimento da ação. Um exemplo de intervenção criativa é uma edição limitada de apenas 100 mil embalagens de Red Bull que viram óculos de realidade virtual para consumo de conteúdo promocional da marca. Outro caso de grande repercussão são as icônicas caixas do McLanche Feliz, especificamente do McDonald's na Suécia, que também foram transformadas em óculos de realidade virtual para utilização em um jogo da marca. O risco dessa ferramenta é o brinde chamar mais a atenção do que o lanche ou a marca em si. Veja a figura 24.

Figura 24
Ação de realidade virtual do McDonald's na Suécia

Ou acesse: goo.gl/v3iM3v

Eventos, experiências e *live marketing*

- *O que é.* A formação de uma atmosfera que cria e promove os significados e valores de uma marca, de maneira que sejam gerados interesse e conexões emocionais com os consumidores. É válido ressaltar que os eventos e experiências podem ser proprietários ou mesmo patrocinados.
- *Quando utilizar.* Diversos são os motivos para apostar nessas ferramentas. Imagine, por exemplo, que uma marca esteja passando por um processo de reposicionamento e, por isso, seja necessária a criação ou reforço de determinados significados e percepções na mente do público jovem. Ao patrocinar ou promover um evento, como o Lollapalooza, ela pode gerar associações favoráveis e de grande importância para o sucesso de seu projeto, pois o festival é carregado de traços de jovialidade, modernidade e dinamismo.
- *Como contratar.* Em geral, o ideal é buscar uma agência especializada em marketing promocional ou de comunicação integrada que, nesse caso, pode trabalhar com um contrato

baseado no projeto em questão. Há, ainda, a possibilidade de ser trabalhado o formato de *fee* em projetos continuados, como no caso do Rock in Rio. De propriedade do Grupo Artplan, um dos maiores festivais de música do mundo é uma das maiores plataformas de experiências com marcas disponíveis no mercado, em que grandes patrocinadores, como Itaú e Heineken, já tiveram a oportunidade de impactar e promover momentos inesquecíveis para um público de, aproximadamente, 8,5 milhões de pessoas ao longo de todas as edições.

Relações públicas

- *O que é.* Uma empresa, como já apresentado no início deste capítulo, possui diversos *stakeholders* e deve manter o melhor relacionamento possível com cada um deles. Por definição, as relações públicas envolvem uma série de esforços de comunicação para promoção e proteção da reputação da organização, considerando a necessidade e a percepção de cada um dos públicos de interesse.
- *Quando utilizar.* Pela perspectiva de marketing, como explicam Kotler e Keller (2015), havia o costume de se usar o termo publicidade no lugar de relações públicas, visto que tem o objetivo de garantir espaço editoral gratuito na mídia, de maneira que a organização tivesse a imagem trabalhada para cada um dos públicos. As possibilidades são variadas, mas, em geral, busca abastecer a imprensa com informações atualizadas e corretas, procura divulgar novos produtos, alinha a comunicação com diversos públicos, em alguns países, como os EUA, é responsável por *lobby* e, por fim, orienta a administração da empresa em situações delicadas.

- *Como contratar.* Em muitos casos, dada uma cultura de gestão reativa, os profissionais e empresas especializadas em relações públicas somente são requisitados em situações de crise, ou seja, quando uma questão delicada torna-se pública e fica fora de controle. No entanto, a boa prática sugere que esse serviço seja prestado de maneira continuada e busque a maior transparência possível no repasse de informações para cada *stakeholder*, independentemente do momento.

Marketing direto

- *O que é.* É a utilização de ferramentas de comunicação para se obter uma resposta, transação mensurável ou relacionamento junto a um público desejável. Sua natureza pressupõe o uso de listas segmentadas, sejam de nomes, endereços, *e-mails* ou telefones, para envio das comunicações criadas e consequente registro de interações em banco de dados.
- *Quando utilizar.* Em um contexto de dispersão de atenção, é comum o esquecimento de uma marca, produto ou serviço, o que configura uma dificuldade maior no estabelecimento de conexões duradouras com os consumidores. De maneira a potencializar a relevância da marca em suas vidas, as ferramentas de marketing direto, como mala direta, *e-mail* marketing e telemarketing, devem ser utilizadas para uma melhor construção de relacionamento entre as partes.
- *Como contratar.* Cada projeto possui um objetivo diferente, o que demanda fornecedores e parceiros diferentes. O envio de mala direta, por exemplo, envolve a criação da peça por uma agência e a distribuição pelos correios. Já o *e-mail marketing* deve ser desenvolvido por um especialista e disparado de maneira planejada para a base de consumidores por meio

de uma ferramenta profissional, como a Virtual Target ou Mail2Easy. A Associação Brasileira de Marketing Direto (ABEMD), em seu *site*, reúne documentos de orientação, como guias, lista de fornecedores e tabelas de valores cobrados. Veja na figura 25.

Figura 25
Site da ABEMD

Ou acesse: goo.gl/qzORLC

Marketing digital

- *O que é.* Um conjunto de ferramentas baseadas em tecnologia, utilizadas para criar, ampliar e capturar valor, não estando restritas somente ao ambiente de marketing e comunicação. São plataformas que promovem a quebra de paradigmas, mudam dinâmicas culturais e promovem o surgimento de novos rumos para os negócios. As opções vão de *sites*, mídias sociais, buscadores, *mobile* e *e-mail marketing* até a realidade virtual ou realidade aumentada, impressora 3D, *big data*, internet das coisas e outras mais.
- *Quando utilizar.* Com as mudanças sociais e culturais promovidas ao longo dos últimos anos pelo desenvolvimento

tecnológico, o trabalho de presença digital é mandatório para as empresas que objetivam um melhor relacionamento com seus públicos, construção de valor para suas marcas e, claro, vendas. Aqui, é importante ressaltar que, assim como todas as outras ferramentas do composto de comunicação de marketing, o uso do digital deve ser explorado sempre com o foco no consumidor e no que possui relevância para ele.

- *Como contratar.* Possivelmente essa é uma das ferramentas de maior interesse e demanda por parte dos gestores e, exatamente por esse motivo, merece grande atenção nas formas de contratação. Como apontado pela Associação Brasileira dos Agentes Digitais (Abradi), os projetos podem ser contratados por *fee* mensal ou pontualmente, sem o BV característico de agências tradicionais de publicidade, mesmo quando há veiculação de mídia. Um bom exemplo de campanha com DNA digital é a premiada "Palavras mágicas", da HP. No Brasil, há aproximadamente 13 milhões de analfabetos que, como todos, possuem grandes histórias de vida e experiências únicas (IBGE, 2016). Com o objetivo de eternizar esses momentos, em uma primeira fase a empresa coletou relatos via Google Speech e os transformou em livro. Já na segunda etapa, instalou cabines de fotos com o mesmo sistema em locais públicos para que as pessoas pudessem gravar cartões postais e enviar para seus amigos e familiares. A ação ainda contou com um *hotsite* responsivo com o documentário sobre as histórias, perfil no Instagram e um aplicativo para *smartphone*. A multiplicidade de canais digitais usados na campanha pode ser vista em detalhes no *videocase* na figura 26.

Figura 26

Videocase da campanha "Palavras mágicas" da HP no Brasil

Ou acesse: goo.gl/QetFdM

A figura 27 ilustra algumas ferramentas de comunicação de marketing e possíveis relações com as naturezas de mídia proprietária, paga e conquistada.

Figura 27

Ferramentas de comunicação de marketing e natureza de mídias

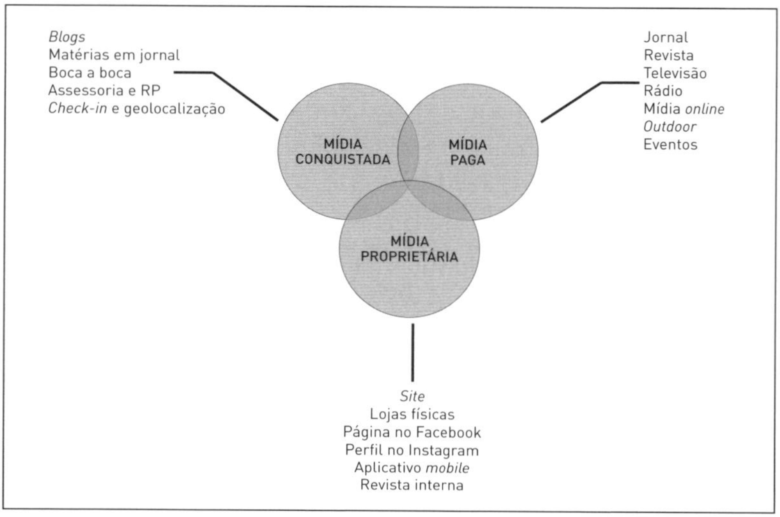

Ao final do livro, você encontrará um glossário com outras ferramentas e ações que podem ser usadas na etapa tática do plano de comunicação.

Métricas de comunicação

Avaliação e mensuração são termos que, por vezes, não fazem parte do vocabulário de alguns profissionais da comunicação, dada a natureza subjetiva de muitas práticas. No entanto, é praticamente impossível que as mudanças no ambiente e as reações dos públicos sejam acompanhadas sem a devida observação a partir de parâmetros numéricos relacionados ao objetivo e às metas do plano de comunicação.

Para cada ferramenta do composto de comunicação, um conjunto de métricas deve acompanhar essa escolha. Seria equivocado, portanto, realizar uma avaliação do trabalho somente em função dos resultados financeiros da empresa, uma vez que ele é consequência de todo o esforço de marketing e não somente de um dos 4 Ps, que no caso é o de promoção. Apresentadas algumas ferramentas que podem fazer parte do composto de comunicação de uma empresa, as linhas que seguem sugerem formas de monitoramento e mensuração de resultados.

Muitas são as definições de métricas encontradas na literatura, mas, aqui, vamos assumir como definição integradora a ideia de um conjunto de sistemas de mensuração que, por meio de quantificação, proporciona um melhor entendimento das dinâmicas do mercado, dos fenômenos de consumo, além de permitir a identificação de tendências (Farris et al., 2010; Guissoni e Neves, 2015). Para melhor compreensão dos conceitos e aplicabilidade, vamos apresentar, de maneira não exaustiva, as unidades utilizadas no mercado para cada ferramenta do composto de comunicação discutido anteriormente.

No quadro 2, são apresentadas algumas métricas para acompanhamento de ações de publicidade e propaganda. Muitas delas podem ser observadas nos relatórios fornecidos pelos veículos de mídia e agência contratada, por exemplo.

Quadro 2

Métricas de publicidade e propaganda

Métrica	Descrição	Exemplo
Audiência	Número de domicílios/pessoas alcançados por determinado programa ou veículo	Em um universo de 100 mil domicílios com TV, há uma audiência de 10% para o programa XPTO. Ou seja, 10 mil residências assistem ao programa
Cobertura	Número de domicílios/pessoas alcançados pela programação em determinado período	Cobertura de 50% no programa XPTO no mês de janeiro
Frequência	Número de vezes que uma pessoa foi ou teve oportunidade de ser exposta à peça veiculada em determinado período	Três inserções no programa XPTO
Gross rating point (GRP)/ *Target rating point* (TRP)	Soma dos índices de audiência (domiciliar ou individual) de todos os programas em determinado período em que houve veiculação	Três inserções no programa XPTO com 10 pontos de audiência representam 30 GRP
Custo por mil (CPM)	Relação do custo pelo número de domicílios/pessoas alcançados por um programa. A fórmula é: preço/pessoas × 1.000	Anúncio no programa XPTO que possui 100 mil de público ao custo de R$ 20 mil por 30'' terá um CPM de R$ 200
Recall (day-after recall)	Lembrança de um programa, anúncio ou marca visto ou ouvido no dia anterior	Em pesquisa, pergunta-se: ontem, de quais marcas você assistiu ou escutou algum anúncio?
Awareness	Conjunto de marcas citadas espontaneamente pelo consumidor quando perguntado quais marcas de uma categoria consegue lembrar	Em pesquisa, pergunta-se: quando menciono o segmento X, qual marca lhe vem à cabeça?
Top of mind	É a marca, produto ou serviço, de determinada categoria, mais lembrada em primeiro lugar espontaneamente por um grupo pesquisado	Repetidas vezes, a marca mais citada primeiro é a XYZ

No quadro 3, estão possíveis indicadores para acompanhar o desempenho de ações de promoção de vendas. Nesse caso, é recomendado observar métricas além das unidades vendidas para que seja possível uma compreensão melhor do cenário.

Quadro 3
Métricas de promoção de vendas

Métrica	Descrição	Exemplo
Vendas básicas/ unidades vendidas	Usada como parâmetro para comparação com outras métricas de promoção de vendas	A empresa vende R$ 2 mil por dia
Vendas incrementais	Após o esforço de marketing e comunicação, qual o aumento de vendas (em unidades ou receita)	No dia 1º, as vendas estavam em R$ 2 mil/dia. Após o esforço, cresceram para R$ 3 mil/dia
Média de descontos	Tem relação com a média de descontos oferecidos ao cliente ou varejista em determinado período	A empresa, em média, concedeu 10% de desconto em suas ações promocionais no último ano
Porcentagem de vendas com desconto	Observa-se a relação entre o número de vendas absoluto com as que tiveram algum desconto	Do total de vendas da empresa, 30% tiveram descontos aplicados

Para o acompanhamento do desempenho de eventos, experiências e *live marketing*, como o Rock in Rio, diversos são os indicadores passíveis de serem utilizados, podendo-se, inclusive, fazer uso da combinação de métricas de propaganda e promoção de vendas, por exemplo. De maneira resumida, o quadro 4 apresenta algumas sugestões.

Quadro 4
Métricas de eventos, experiências e *live marketing*

Métrica	Descrição	Exemplo
Índice de *recall*	Destina-se a averiguar a lembrança da marca; decorre de sua exposição como patrocinadora ou com ações promocionais dentro do evento	Em pesquisa, pergunta-se: qual a marca patrocinadora deste evento? Que marcas você lembra ter visto neste evento? De que ações de marcas você lembra ter visto ou participado?
Público	Quantidade de pessoas que participaram da atividade	Contagem, via bilheteria, do público presente, podendo-se usar códigos diferentes para segmentar por gênero, categoria de ingresso, idade, entre outros

Em geral, as métricas de relações públicas têm relação com exposição e percepção da marca trabalhada. No quadro 5, encontram-se sugestões para que o gestor possa realizar o monitoramento da performance das suas ações.

Quadro 5
Métricas de relações públicas

Métrica	Descrição	Exemplo
Menções	Todas as vezes que a marca, produto ou serviço é mencionado em alguma mídia	Em 2017, foram 50 menções à marca no jornal XYZ
Impactos sobre o público	Relaciona-se com o número total de pessoas impactadas, podendo ser consideradas de forma ampla ou num *target* específico	Durante o lançamento do produto, foram 60 mil impactos
Número de artigos positivos ou negativos	O somatório de artigos, positivos ou negativos, publicados na mídia	Foram publicados 10 artigos positivos ao longo do último mês

De acordo com o Comitê de Métricas e ROI da ABEMD (s.d.), criado em 2011, a crescente necessidade da mensuração das ações de comunicação e marketing fez com que fossem aperfeiçoados os padrões de métricas de campanhas de marketing direto ao longo dos anos. Nesse sentido, o quadro 6 apresenta um conjunto de sugestões de indicadores para acompanhamento da performance de projetos.

Quadro 6
Métricas de marketing direto

Métrica	Descrição	Exemplo
Aquisição	Número de novos consumidores vindos de determinada ação	O envio de mala direta gerou 100 novos clientes
Retenção	Indica quanto tempo uma pessoa permanece ativa como consumidora de determinada empresa	O tempo médio de atividade do consumidor é de cinco anos
Custo por venda (CPV)	Custo gerado por venda unitária de uma empresa durante uma campanha. A fórmula é: custo/vendas	A empresa vendeu 100 unidades e gastou R$ 1.000. Ou seja, o CPV da ação foi de R$ 10
Retorno sobre investimento (ROI)	Define quanto a empresa ganhou ou perdeu após a realização da ação. A fórmula é: margem - investimento/ investimento = %	Investimento: R$ 10 mil; margem: 15 mil vendas; cálculo: (15 mil – 10 mil)/10 mil = 50%

Devido à natureza das ações, as métricas de marketing digital são mais facilmente observadas e tratadas do que as de outras ferramentas do composto de comunicação de marketing. Em muitos casos, estão disponíveis em plataformas como Google Analytics, Facebook Insights e outras mais. Baseando-se nas boas práticas propostas pelo IAB Brasil (s.d.), o quadro 7 apresenta um pequeno grupo de métricas digitais.

Quadro 7
Métricas de marketing digital

Métrica	Descrição	Exemplo
Page views	Número de vezes que uma página é visualizada	A página "Quem somos" foi visualizada mil vezes no último mês
Visitas ou sessões	Número de vezes que um *site* foi visitado, considerando um intervalo de até 30 minutos, por um mesmo usuário. Caso essa mesma pessoa volte após esse período, é contada uma nova visita	No período de março, o *site* teve 100 mil visitas ou sessões
Visitantes únicos	São os usuários identificados de maneira única que realizam uma visita. A identificação ocorre por uma combinação de parâmetros, como *cookies*, navegador e IP	O *site* tem, em média, mil visitantes únicos todos os dias
Tempo de permanência	Refere-se à duração da sessão realizada durante uma visita por um usuário	O tempo médio de permanência no mês de agosto foi de três minutos por página
Impressões	Exibições de determinada peça, como *banners* ou *links* patrocinados	O super *banner* veiculado na Globo.com teve 300 mil impressões
Custo por clique (CPC)	Tem relação com o valor pago a cada clique recebido em uma peça	O CPC máximo pago no Google Adwords foi de R$ 0,87 no ano de 2017
Clik through rate (CTR)	É a taxa de cliques de um *link* que pode ser no anúncio, *e-mail marketing* ou mesmo presente no *site*. A fórmula é: cliques/ impressões = %	A campanha de *banners* gerou 100 impressões e obteve 10 cliques. Então, o CTR da ação foi 10/100 = 10%
Conversão	É a atividade que tem relação direta com o objetivo da ação, como uma venda, acesso ou cadastro	Dos anúncios de Facebook Ads, o total de conversões foi de 100 unidades vendidas

Complementando a discussão, uma vez estabelecida a métrica relevante para o plano de comunicação, é essencial a definição dos *key performance indicators* (KPIs) ou indicadores-chave de performance, que permitem contextualizar as métricas, de forma que o gestor possa acompanhar o alcance dos objetivos e metas estabelecidos e tomar decisões mais coerentes. Na prática, o KPI é uma combinação de métricas já estabelecidas que apontam diretamente para a ideia de sucesso do projeto.

Como exemplo, imaginemos o lançamento de um aplicativo de banco, cujo objetivo seja reduzir o fluxo de pessoas nas agências bancárias, e que contou com anúncios na TV, painéis de LED no aeroporto, *posts* no Facebook e influenciadores digitais para ajudar na divulgação. Repare que poderíamos selecionar diversas métricas, como *downloads*, impressões e CPM, mas será que isoladamente a observação delas seria suficiente para uma noção de sucesso? Visto que houve um investimento financeiro e há a expectativa de retorno, é importante considerar parâmetros que, de fato, apontem para isso. Nesse caso, um KPI poderia ser o número de clientes que passaram a não frequentar uma agência após o uso do aplicativo, além do número de transações efetuadas no aplicativo *versus* as que deixaram de acontecer no espaço físico, considerando o período de janeiro até março por cidades do Sudeste. Perceba que os indicadores suportam diretamente a ideia de sucesso do projeto e foram construídos a partir da combinação de métricas, tendo a dimensão temporal, com os meses, e a espacial, com a região do país, em sua estruturação.

Neste capítulo, foram explorados os conceitos estruturantes da comunicação, os tipos de públicos de uma organização, o mapa de empatia para a formatação de uma *persona* do consumidor e respectiva jornada de consumo, além de algumas formas de metrificação e ferramentas de comunicação. Não deixe de consultar o glossário, no final do livro, para conhecer outros termos utilizados no mercado, pois, no próximo capítulo, vamos apresentar as diversas etapas de um planejamento de comunicação de marketing, bem como as boas práticas do mercado para seu pleno desenvolvimento.

4
Planejamento de comunicação

As empresas estão imersas em um contexto onde a ideia e as formas de gerar valor vêm sendo alteradas a cada dia, o que demanda dinamismo por parte de gestores. Nesse sentido, vamos abordar a lógica por trás de um plano de comunicação, de maneira que seja possível contribuir com sua atualização e capacidade de responsividade frente a esses desafios do dia a dia.

O que é planejamento?

Grandes autores como Castells (1996) e Levy (1997), desde a década de 1990, vêm discutindo os impactos da tecnologia na vida das pessoas, uma vez que é por meio dela que são reorganizadas as ideias e estruturas da sociedade, empresas e, consequentemente, os mercados. Não se trata simplesmente da conexão com a internet via *smartphones*, *desktops* ou *laptops*, mas de todo um ecossistema de plataformas, que vão desde uma mídia social ao Watson, sistema cognitivo da IBM capaz de analisar bilhões de dados simultaneamente, para facilitar a tomada de decisão operacional, por exemplo.

Há, pois, diversas possibilidades de estabelecer pontos de contato ao longo da jornada do consumidor, ajudando-o a encontrar o que busca, não importa se produto, serviço, conteúdo ou experiência.

Há também, por outro lado, o risco de esse mesmo consumidor ser "massacrado" por informações e mensagens publicitárias, uma vez que o gestor desatento, pouco instruído ou até empolgado com as novas possibilidades e formatos de mídia pode alocar recursos nos locais errados. Decisões gerenciais equivocadas, somadas à natural dispersão de atenção provocada pela tecnologia, só contribuem para o fracasso no processo de conversão desejada.

Então, o que fazer? Como direcionar a mensagem correta? Quais canais escolher? Como mensurar os resultados? As respostas para essas perguntas serão exploradas a seguir. Obviamente, não é possível esgotar o assunto ou mesmo prescrever um modelo único de planejamento estratégico, já que cada indústria possui uma dinâmica competitiva única e seus consumidores têm motivadores de consumo variados. Assim, aqui fica registrado somente um conjunto de boas práticas e sugestões para aplicação dos conceitos explorados.

Comumente associa-se, e eventualmente confunde-se, o planejamento de mídias com o planejamento de comunicação, considerando suas características e lógica estratégica similares. É natural que essa confusão aconteça, pois as mídias são ferramentas do composto promocional de marketing e usadas para comunicar os valores desejados pelas marcas.

No entanto, antes de abordarmos especificamente o planejamento de comunicação, é preciso retomar o conceito básico de planejamento estratégico. Como mostram Drucker (1972) e Mintzberg, Ahlstrand e Lampel (1998), ele pode ser entendido como a organização de recursos de uma empresa para que se obtenha algo ou atinja algum objetivo, considerando ainda as variáveis externas e internas no processo decisório. Repare que, por essa perspectiva, é possível assumir a existência de um cenário influenciado por fatores externos e internos, um público, uma questão para ser resolvida e a reunião de esforços para obter sucesso.

Como exemplo, esse raciocínio é aplicável ao contexto de um planejamento estratégico empresarial, no qual são definidas as questões de dimensão macro. Imaginemos um jovem estudante que, em 2005, levava *brownies* para comer no intervalo das aulas e acabou percebendo o sucesso que faziam entre seus amigos. Algum tempo depois, começou a vender para os outros alunos do colégio e depois da faculdade, onde as entregas eram feitas de *skate*. Passados alguns anos, devido ao sucesso, precisou estabelecer um sistema de produção, entregas e comercialização um pouco mais complexo para dar continuidade ao atendimento dos pedidos. O *brownie* do Luiz faturou aproximadamente R$ 3,5 milhões em 2016, tem distribuição em diversos estados nos mais de 180 pontos de venda e conta com aproximadamente 30 funcionários e cinco sócios (UOL, 2016).

Por esse breve relato, é possível identificar os elementos mencionados na conceituação clássica de planejamento apresentada: o cenário – pessoas interessadas no consumo de *brownies* nos intervalos do colégio e faculdade; o público – amigos de sala de aula; a questão ou oportunidade – vender os *brownies*; a solução – estruturar a produção e processo de vendas; o resultado – empresa com aproximadamente 30 funcionários e faturamento de R$ 3,5 milhões por ano.

É seguro afirmar que um dos fatores de grande sucesso da empresa foi a aposta na estruturação do seu composto de marketing, no qual também é encontrada a mesma lógica estratégica. Em seu processo de planejamento, são estabelecidos, inicialmente, o produto que será desenvolvido para atendimento da questão identificada no mercado, o preço a ser cobrado por ele, os pontos de venda e, por fim, a promoção, que é definida como o composto de comunicação de marketing responsável por gerar conhecimento, comunicar o posicionamento e estimular ações do público.

Sem dúvida, por melhor que seja o produto mencionado do exemplo, o sucesso não seria possível sem a correta informação de sua existência e disponibilidade, de seu posicionamento jovial e descolado e, claro, da sugestão para experimentar e comprar. Note que a comunicação ou o P de promoção, portanto, tem uma função primordial para o desdobramento das estratégias de uma empresa.

Análise de ambientes

Como primeira etapa, é importante observar o diagnóstico do ambiente externo (macroambiente) – composto por variáveis incontroláveis, como política, economia, sociedade e tecnologia –, que normalmente é disponibilizado pelo setor de marketing da empresa. Nele, são encontradas informações relevantes para ajudar no processo criativo de comunicação, pois são considerados os impactos da economia no comportamento dos cidadãos, nível de escolaridade e aspectos culturais do país, por exemplo.

Para ilustrar a influência do macroambiente, podemos citar um dos vencedores do Festival de Criatividade Cannes Lions em 2016: a campanha "Espelhos do racismo". Com o objetivo de chamar a atenção para as frequentes práticas de *cyberbullying* e racismo nas mídias sociais, relacionadas à variável sociocultural do macroambiente, a ONG Criola e a Agência W3Haus coletaram *tweets* preconceituosos e os transformaram em *outdoors* instalados próximos das residências dos agressores como uma forma de mostrar que não estão impunes ou protegidos pela tela dos computadores. Para conhecer a campanha na íntegra, acesse pela figura 28.

Figura 28

Case "Espelhos do racismo", da ONG Criola

Ou acesse: goo.gl/W4eDQF

Temas de natureza cultural, social e religiosa são frequentemente utilizados em campanhas de comunicação em função de sua forte conexão emocional com o público, mas deve-se ter atenção e coerência para não ultrapassar alguns limites e iniciar uma crise, como no caso da Crocs e o falecimento do cantor David Bowie.

A empresa fez uma homenagem no Twitter publicando uma imagem com o raio, símbolo do cantor, em cima de seu produto, acompanhado da mensagem: "Sua mágica fará falta, mas sua inspiração viverá para sempre. #DavidBowie". Como resultado, minutos depois, milhares de fãs criticaram a marca pela insensibilidade na utilização do ocorrido para promover seu calçado, que não tem referência estética alguma do cantor, o que a forçou a deletar o conteúdo. Tarde demais. Diversos *prints* já tinham sido espalhados pela internet.

A etapa seguinte compreende a análise do ambiente interno (microambiente) que pode ser definido como um conjunto de atores próximos à empresa que podem interferir, de maneira positiva ou negativa, em sua habilidade de gerar valor para os consumidores. Nesse caso, são analisadas as características da própria empresa, seus consumidores, fornecedores, concorrência e demais públicos de interesse.

Desde a década de 1950, a Ovomaltine é parceira do Bob's e, desde 2005, mantinha contrato de exclusividade para a comercialização do produto no *milk-shake*. No entanto, após inúmeros pedidos de consumidores, o McDonald's fechou um acordo de exclusividade para explorar o nome Ovomaltine, fazendo com que o Bob's perdesse o direito de uso da marca e, consequentemente, alterasse toda a comunicação para vender o que agora teve de passar a se chamar *milk-shake* crocante.

Todo esse movimento pode ser visto no ponto de venda, com a alteração do cardápio impresso, dos *backlights* de produtos, no descritivo do item na nota fiscal (isso mesmo! Tudo comunica!), no discurso do atendente do caixa, nos anúncios em veículos de massa e, principalmente, na internet. Acirrando ainda mais a "guerra do Ovomaltine", como ficou conhecido o episódio, concorrentes fizeram campanhas *online* e pequenas intervenções nas lojas para divulgar a utilização do mesmo produto, mas com nomes diferentes. Em uma das postagens no Facebook, o Burger King publicou: "Calma, gente, Shake Crocante com 'aquele-ingrediente-que-não-deve-ser-nomeado' aqui também tem". O episódio mexeu de tal forma com o mercado que até a Philips Walita apropriou-se da polêmica e postou: "Chega de briga. Com os liquidificadores Philips Walita, você faz seus *milk-shakes* favoritos em casa" (Época Negócios, 2016).

Repare que é possível ler a mesma situação com lentes diferentes. De um lado, uma mudança de fornecedor gerando um grande problema para o Bob's e, do outro, uma oportunidade para os concorrentes reforçarem, de maneira criativa, a venda de seus produtos com o polêmico ingrediente. Como nosso foco está nos processos de comunicação, durante a análise é importante não negligenciar as capacidades e limitações da empresa em situações delicadas como essa, de maneira que evite comprometer a correta criação e promoção de valor.

Ainda no microambiente, um dos pontos que merece grande destaque é a análise dos públicos de interesse da marca. Como visto no capítulo 3 e apontado por Mota et al. (2009), o conceito de *stakeholder* é definido como o conjunto de pessoas que são afetadas ou afetam as decisões tomadas por uma organização. Nesse sentido, é possível afirmar que a perspectiva de cada uma das partes interessadas no que é promovido pela empresa deve ser considerada com atenção. Novamente, visto que estamos tratando do aspecto mercadológico da comunicação, vamos considerar, a título de exemplificação, a posição do consumidor.

Nos estudos de comportamento do consumidor, diversas são as abordagens metodológicas para coleta e análise dos dados sobre suas atividades e percepções. As teorias tradicionais, de origem econômica, tratam o tema pela perspectiva racional, enquanto outras, ancoradas pelas ciências sociais, observam o consumo como resultado de uma série de eventos sociais e culturais que influenciam o comportamento das pessoas.

Uma ferramenta de grande utilidade para essa tarefa é a *persona* do consumidor e sua respectiva jornada, apresentadas no capítulo 3. A partir do mapeamento de suas características e do caminho que percorre ao longo do processo de decisão de compra, o aproveitamento de oportunidades fica mais consistente.

Feita a análise dos ambientes, é possível ter *insights* sobre o cenário em que a empresa está inserida e as condições que possui para resolver as eventuais questões mapeadas. Para ilustrar, vamos imaginar que, após todo o processo de análise do macro e do microambiente de um banco, foi identificado que há baixo *recall* de marca, causado principalmente por pouca presença na mídia e um pequeno número de agências. Em função disso, o banco enfrenta o problema de não fazer parte das alternativas de compra dos consumidores.

Como outro exemplo, foi identificada a oportunidade para um novo absorvente focado no público adolescente, e por isso uma empresa deseja lançar uma nova versão de seu produto, tendo posicionamento semelhante ao de marcas *premium* da categoria. Porém, mesmo não fazendo diferença na experiência de uso do produto, ele não tem os diferenciais dos concorrentes, o que representa um desafio considerável a ser vencido em termos de comunicação.

Como última situação, imagine uma marca de roupas femininas de muito sucesso nas décadas de 1980 e 1990 que acompanhou o crescimento, maturidade e gosto das suas consumidoras. Após uma análise situacional do mercado, chegou-se à conclusão de que era necessária uma nova proposta de valor, uma vez que as consumidoras, mesmo as antigas, estavam buscando novas referências de moda em marcas mais jovens.

Em todos os casos, é preciso que as propostas feitas no planejamento resolvam as questões apontadas, pois parte delas pode ser solucionada com campanhas de comunicação. É nesse ponto do processo que se deve partir para estabelecer o objetivo da comunicação, que é sempre uma resposta direta ao que se identificou como ponto de atenção na análise.

Definição do objetivo

Quando discutido o objetivo em um planejamento estratégico empresarial ou mesmo de marketing, que normalmente possui relação com faturamento e *market share*, encontram-se referências ao uso da lógica SMART, acrônimo de *specific*, *measurable*, *attainable*, *relevant* e *timely*, encontrada inicialmente nos trabalhos de Peter Drucker na década de 1950 (Morrison, 2010). De acordo com o autor, o *specific* (específico) tem relação com a clareza e o recorte do que se busca; o *measurable* (mensurável) faz referência ao quanto e como é possível monitorar e medir seu progresso; para o *attainable* (atingível) é importante considerar se é factível de ser atingido em determinado contexto; o *relevant* (relevante) é a relevância do projeto para o sucesso da empresa. Funciona como uma justificativa; por fim, o *timely* refere-se ao prazo razoável em que será desenvolvido. O uso dessa lógica para projetos de comunicação também é possível, mas ainda pouco visto na literatura.

Outra abordagem para a definição do objetivo de comunicação é a proposta por Yanaze (2011), cujas possibilidades são:

- despertar consciência;
- chamar a atenção;
- criar interesse;
- dar informações;
- despertar expectativa;
- levar à discussão;
- promover ação;
- promover satisfação;
- criar interação;
- promover orgulho;
- levar à disseminação;
- suscitar comentários.

Para ampliarmos a visão de Yanaze (2011), mais influenciada pela dimensão da comunicação institucional, podemos observar outras propostas de profissionais de comunicação publicitária, como a de Jon Steel (2006), do grupo WPP, e a de Jean-Marie Dru (1996), da agência TBWA, e trabalhar juntamente com a lógica SMART, passando a ser objetivos de comunicação as seguintes possibilidades:

- *Gerar awareness ou conhecimento sobre*. Em alguns momentos do ciclo de vida do produto ou negócio, por exemplo, há a necessidade da divulgação de suas informações e comunicação de seus atributos para despertar interesse e desejo, como no caso do banco mencionado anteriormente. O objetivo poderia ser, nesse caso, o aumento do *recall* da marca em X% em X meses.

- *Promover ação.* Visto que o público tem conhecimento da oferta, pode-se sugerir que realize alguma ação, como experimentação, compra ou troca para o absorvente. No caso, o objetivo poderia ser gerar X números de pedidos de amostra grátis para experimentar o produto em Y meses.
- *Reposicionar.* As marcas, por vezes, ficam com sua imagem desgastada e por isso necessitam de novas fontes de significados para continuar a entregar suas promessas e a fazer sentido na vida de seus consumidores, como a empresa de moda. A proposta poderia ser o reposicionamento da marca, saindo de uma percepção X para uma Y em Z meses.

Gostaríamos de finalizar a questão da definição de objetivos fazendo uma breve referência a uma das passagens do desenho *Alice no País das Maravilhas* (1951). Ao chegar à floresta, Alice encontra diversas placas presas em árvores mostrando caminhos variados. Na sequência, ela encontra o mestre gato e lhe pergunta qual caminho deveria seguir, pois está perdida. Ele a questiona sobre aonde ela gostaria de chegar, ao que Alice responde: "Tanto faz". O gato, então, lhe diz: "Qualquer caminho serve". Ou seja, para saber qual estratégia usar, é preciso ter clareza do objetivo desejado. Brilhante raciocínio oferecido pelo mestre gato.

Desenvolvimento do *briefing*

Uma vez realizada a análise dos ambientes e definidos os objetivos, é possível avançar para uma discussão mais específica da comunicação. Aqui, cabe mencionar que os conceitos abordados e exemplos utilizados fazem referência à comunicação de marketing (ou mercadológica) e menos à dimensão institucional e interna (Kunsch, 1986), o que, portanto, nos leva à pergunta: na prática, como seria o início de um planejamento de comunicação?

Comumente, observam-se no mercado empresas que possuem uma estrutura de comunicação internalizada, chamada *house agency* ou agência interna, e outras em que planejamento e criação de peças e campanhas são responsabilidade de uma agência externa ou mesmo consultoria, podendo ser especializada em comunicação integrada, propaganda, marketing direto, marketing digital, entre outros. Independentemente do responsável pelo processo de desenvolvimento da solução, a boa prática sugere que tudo seja iniciado a partir do *briefing*, que pode ser definido como o documento que sintetiza as demandas do anunciante, ou cliente interno no caso das agências internas, para a produção de soluções de comunicação. É a partir desse documento que as diversas áreas de uma empresa iniciam o trabalho de pesquisa, planejamento, criação e veiculação de campanhas e peças (ABA, 2014).

Sua importância é tamanha que, em grande parte das vezes, o sucesso do plano está diretamente relacionado às informações que foram trocadas entre as partes ao longo de seu processo de desenvolvimento. Deve-se ter cuidado, portanto, para não cair em algumas armadilhas encontradas pelo caminho, como informações em excesso ou demasiadamente reduzidas, diretrizes extremamente rígidas que impedem a criatividade e ideias conflitantes ou apresentadas no momento errado. De maneira a evitar problemas, é importante considerar os seguintes pontos de atenção:

1) *A área de marketing deve*:
   - assegurar o acesso às informações corretas sobre produtos, serviços, mercados;

- ser transparente quanto aos objetivos financeiros e de mercado da empresa.

2) *A área de comunicação deve*:
    - garantir que a comunicação esteja alinhada com o valor de marca proposto via composto de marketing;
    - realizar a alocação de verba de maneira adequada e alinhada com os objetivos de marketing (um ponto de atenção: lembramos que não há um método ou modelo ideal para isso, portanto considere sempre a questão da relevância, histórico e objetivos do negócio nesse momento);
    - estruturar o *briefing* de maneira correta.

3) *A consultoria ou agência de comunicação (agência interna ou externa) deve*:
    - validar, por meio de pesquisas, as informações recebidas;
    - desenvolver a campanha de comunicação de acordo com o *briefing* estruturado;
    - executar as ações acordadas, tendo em vista a constante otimização dos recursos alocados.

Ao longo dos encontros com os responsáveis pelos projetos, é importante que sejam discutidas, de maneira exaustiva, todas as informações pertinentes ao futuro plano de comunicação. Sem dúvida, nem tudo será aproveitado ou mesmo receberá plena concordância de todos.

Vale lembrar que não há um único ou melhor modelo de *briefing*. Cada empresa deve estruturar o próprio roteiro de perguntas, critério de seleção de ideias, o que entende por prioritário para ser resolvido e como a verba disponível deve ser alocada. A fim de ajudar nesse processo, disponibilizamos um modelo de *briefing* para que se possa começar o planejamento de comunicação. Para realizar o *download*, acesse a figura 29.

Figura 29
Modelo de *briefing*

Ou acesse: goo.gl/T7UHOK

Assumindo a contratação de uma agência ou consultoria e o consequente repasse de *briefing*, o próximo passo é a definição do que será feito para solucionar o problema ou aproveitar a oportunidade identificada na etapa de diagnóstico. Objetivando contribuir para uma maior fluidez de leitura e encadeamento das ideias, vamos partir da premissa de que todo o plano será desenvolvido pelo fornecedor contratado.

Definição da estratégia e táticas

Avançando, chegamos ao momento em que se espera inovação e criatividade para a realização dos objetivos já estabelecidos. É chegada a hora de abordarmos o conceito de estratégia e seu entregável no planejamento de comunicação. Podemos defini-la como um conjunto de decisões sobre alocação de recursos de uma empresa para atingir os objetivos em determinado contexto e prazo.

Ou seja, a estratégia está ligada aos caminhos que escolhemos para cumprir o objetivo do plano, seja o aumento da lembrança da marca, estímulo para compra ou mesmo reposicionamento. Aqui, para guiar seus pensamentos, responda a pergunta: o que fazer para atingir o objetivo?

Se o problema identificado tem relação com baixo *recall* de marca, como no exemplo do banco, possivelmente as mídias de massa, como TV e *outdoor*, sejam capazes de colaborar para o aumento da lembrança. Caso a questão seja o novo produto para as adolescentes, como o absorvente, pode ser sugerida a utilização de mídias sociais e *sampling* para gerar experimentação. Por fim, para a marca de moda, um novo projeto de identidade visual fortemente ancorado em lojas conceito e patrocínio de eventos poderá ajudar no reposicionamento.

Ampliando os exemplos, vale mencionar o fenômeno Pokémon. A franquia, com aproximadamente 20 anos de vida, investiu em uma nova fase de relacionamento com sua base de fãs por meio do jogo para *smartphone* Pokémon Go, no qual, basicamente, o jogador caça e treina seu monstro para batalhar com outros jogadores usando recursos como GPS e realidade aumentada. Podemos assumir, baseando-nos em artigos publicados em grandes veículos como o *site* da American Marketing Association (AMA, 2016), que a estratégia de lançamento utilizada pela Niantic, produtora do jogo, foi apostar nas parcerias estratégicas para os Pokéstop – locais que possuem itens para melhorar a performance dos monstros e interagir com outros jogadores, como os restaurantes do McDonald's. Além de ações presenciais como essa, a Niantic investiu em comunidades virtuais de marca e marketing viral para potencializar a disseminação de seus conteúdos.

Mesmo com uma queda no número de jogadores ativos, o aplicativo figura no *Guinness Book* (2016) como o jogo de celular mais baixado no primeiro mês, tendo 130 milhões de *downloads* no período.

Saiba mais sobre o caso de Pokémon Go acessando a figura 30.

Figura 30
Pokémon GO

Ou acesse: goo.gl/5B57X3

Perceba que nos exemplos citados é possível estabelecer uma relação direta com o objetivo desejado, não sendo apresentado o detalhamento dos processos de implementação da ideia. No capítulo anterior, foram apresentadas diversas ferramentas para serem utilizadas justamente nesse momento, de maneira que a declaração de estratégia seja feita um pouco mais aberta, sem muitos detalhes. Lembre-se de que são apenas os caminhos e direcionamentos estratégicos. Partindo para a próxima etapa, deve-se realizar o desdobramento de cada escolha de mídia ou caminho criativo definido na estratégia. Aqui a pergunta a ser respondida é: como serão realizadas as ações para atingir o objetivo?

Vamos recuperar o exemplo do banco e imaginar o desdobramento da estratégia de utilizar, principalmente, mídia de massa para alavancar a lembrança de marca. Em geral, quando chegamos nesse ponto do planejamento, o plano de mídia é distribuído em uma linha do tempo, levando em consideração os prazos combinados e registrados no *briefing*. A sugestão para essa atividade é trabalhar com as seguintes fases:

1) *Pré-lançamento*. Fazer inserção de anúncios via Facebook Ads com segmentação geográfica, comunicando a existência de agências na região. Deve-se aproveitar a lista de *e-mails opt-in* da empresa para potencializar o processo na mídia social. Além disso, veicular peças em OOH para comunicar a data de abertura de agências. A verba para o período seria de R$ 250 mil.
2) *Lançamento*. Sendo um dos momentos mais delicados do projeto, o lançamento acontece quando a campanha é exibida para o público-alvo em questão e deve carregar a mensagem que irá contribuir para o atingimento do objetivo. Para nossa empresa, poderia ser programada uma série de inserções na TV aberta, em horário nobre, para gerar conhecimento sobre a marca, dada a alta frequência e cobertura. Aumentando a exposição, devem ser colocados *outdoors* ou outras peças de OOH nas principais vias da região, além do envio de mala direta para grupos de clientes PJ e PF. Complementando, é importante ativar no Facebook anúncios por *geofancing* e, nas lojas da Apple e Google Play, liberar o novo aplicativo do banco. A verba para o período seria de R$ 3,15 milhões.
3) *Manutenção*. Nesta fase, é importante considerar que a mensagem necessita de sustentação e, eventualmente, de um novo elemento para retomar a atenção do público. Considere, ainda no caso do banco, uma nova inserção em TV e jornal (impresso e digital), mas com uma mensagem sobre condições especiais para abertura de novas contas e a consequente participação em sorteio para viagem à Disney. Colocar o *hotsite* da campanha no ar. Em paralelo, fazer uso de *push notification* via aplicativo instalado para comunicar a ação da viagem, tendo como base o esquema do *member-get-member*, o que aumentaria a chance de ganhar o sorteio. A verba para o período seria de R$ 1,68 milhão.

4) *Fechamento*. Em alguns casos, não há um fechamento formal em campanhas de comunicação. Simplesmente, as mensagens e inserções são alteradas por outros conteúdos e propostas. No entanto, como em nosso exemplo há uma ação promocional sugerida, é importante que ocorra a finalização da mensagem. Aqui, a sugestão seria a realização de um *live* no Facebook com o sorteio da viagem e a posterior divulgação do resultado no *hotsite* da campanha, e enviar para os participantes mala direta ou *e-mail marketing* agradecendo pela participação. É importante, nesse ponto, fazer com que a mensagem promova senso de pertencimento e proximidade com o banco e, para isso, deve-se apostar em tom emocional no texto e em imagens. A verba para o período seria de R$ 1,085 milhão.

Feita a definição de ações em cada etapa, é possível estruturar um cronograma de esforços de comunicação, conforme sugestão apresentada no quadro 8.

Buscando um melhor desenrolar das ações, é fundamental que o objetivo seja fragmentado e distribuído ao longo de todo o período e coberto pelas diversas ações propostas, de maneira que facilite o trabalho de gerenciamento da campanha. Nesse sentido, a equipe de planejamento precisa associar uma meta quantificável para cada ação, que pode ser considerada fração do objetivo.

Na fase de manutenção, por exemplo, a ação de inserção de anúncios na TV poderia ter como meta o aumento do *recall* da marca em x% na semana seguinte à veiculação, tendo geração de x inscrições para participação no sorteio da viagem. Ainda, poderia ter estabelecido que x% da base de usuários do aplicativo de celular seria o número a alcançar na ação promocional. Veja que cada meta é parte do sucesso desejado e, para isso, possui um pequeno objetivo numérico atrelado, considerando o prazo estabelecido, evitando que dúvidas sobre sua eficácia surjam ao longo do tempo. Mesmo que

Quadro 8
Cronograma de ações

	Ações	**Verba (em R$ mil)**	**Semana 1**	**Semana 2**	**Semana 3**	**Semana 4**	**Semana 5**
Pré-lançamento	Facebook Ads	50	X	X			
	OOH	200	X	X			
Lançamento	Aplicativo	500		X			
	Mala direta	300		X			
	TV	2.000		X	X		
	Facebook Ads	50		X	X		
	Outdoors	100		X	X		
	OOH	200		X	X		
Manutenção	*Hotsite*	50			X		
	Jornal	100			X	X	
	TV	1.500			X	X	
	Aplicativo	30			X	X	
Fechamento	TV	800					X
	Jornal	50					X
	Hotsite	10					X
	Live no Facebook	10					X
	Mala direta	200					X
	E-mail marketing	15					X

a natureza dos objetivos de comunicação seja um tanto subjetiva, é mandatório o monitoramento e acompanhamento de desempenho da campanha. De que outra maneira você saberá se o planejado está dando certo ou poderá ajustar o curso das ações, caso necessário? Como saberá que o objetivo foi alcançado ao final de tudo?

Definição de métricas para avaliar os resultados

Uma parte essencial no planejamento, muitas vezes ignorada, é a definição das métricas para acompanhamento dos resultados, métricas essas que irão colaborar para a sustentação da tomada de decisão. No capítulo 3, foram apresentadas uma série de ferramentas, bem como possíveis métricas e KPIs que devem ser selecionados e revistos quando necessário. No caso do banco, como saber se estamos no caminho certo? Para onde olhar? Como a escolha foi veicular em TV, podemos considerar a métrica de *recall* da marca; para o *site*, podem ser observados os *page views* e, como KPI, número de inscrições realizadas no período.

Novamente, reforçamos a ideia de que não há uma receita ou modelo único para o planejamento de comunicação. O elemento crucial para o sucesso do plano é a lógica estratégica que vai do diagnóstico de cenários aos canais selecionados para disseminação de conteúdos.

Apresentamos, neste capítulo, um conjunto de ferramentas de comunicação, bem como algumas boas práticas para que um plano seja estruturado de maneira consistente e contribua para o atingimento dos objetivos da empresa. Sem dúvida, há outras formas interessantes de se planejar e implementar ações criativas. Nesse sentido, no próximo capítulo, vamos explorar tendências e novas tecnologias que, em muitos casos, já fazem parte do dia a dia de muitos gestores de comunicação e marketing.

5
Presente ou futuro?

Trabalhar em um ambiente dinâmico como o que vivemos é desafiador, seja para uma empresa pequena ou grande. O desafio é tamanho que faz com que as fronteiras entre o novo e o velho estejam em constante sobreposição, pois, enquanto você lê este conteúdo, certamente um algoritmo novo é criado, uma plataforma digital surge, uma *startup* de tecnologia está desconstruindo indústrias consolidadas. Paradoxalmente, tudo que é novo já é velho. Então, o que vem pela frente? Vamos tentar explorar algumas possibilidades nos próximos parágrafos.

O que vem pela frente já chegou?

Seriados como *Black Mirror*, da Netflix, e *Westworld*, da HBO, apontam para diversas possibilidades, umas um tanto apocalípticas, dos impactos da tecnologia na vida das pessoas e organizações. A presença constante de sistemas de observação, de *tracking* do campo de visão, de mapeamento dos hábitos de consumo digital, os robôs e a inteligência artificial são apenas alguns exemplos do que já é realidade. Nada do que é mostrado nas séries está longe de acontecer ou é pura ficção.

Ainda que no Brasil os investimentos em TV, aberta e fechada, por parte dos anunciantes, representem 60% do gasto publicitário

(Kantar Ibope Media, 2016), não podemos ignorar os avanços de outros *players* baseados em conteúdos sob demanda, como o Netflix e HBO Go, que estão promovendo uma ruptura nas formas de produzir e distribuir esses conteúdos, além dos modelos de monetização de seus negócios. Produções originais, como as citadas anteriormente, são fortemente baseadas em algoritmos sofisticados, que usam *big data* para determinar as características do roteiro. Ainda nesse mercado, encontramos o que pode ser entendido como pequenas reações competitivas, algumas soluções oferecidas pelas grandes emissoras, como a plataforma Play da Globo e seus canais. Nela, o consumidor assina o serviço de *streaming* e pode escolher o programa, dia e hora para assistir, não estando preso à tradicional grade de programação imposta pelo veículo.

Repare que em alguns casos, como na Netflix, não há intervalo comercial e a possibilidade de anúncios, o que aponta para a necessidade de novos formatos de financiamento. Possivelmente, uma solução seja a aposta no *product placement*, o qual compreende a sutil inserção de marcas, produtos e serviços no meio das narrativas, tal como visto no seriado *House of Cards*: ao todo, foram aproximadamente 20 marcas anunciantes por temporada.

O que dizer então do Watson, o sistema de computação cognitiva da IBM, criando um *trailer* para o filme *Morgan*, cujo roteiro trata da ameaça de uma inteligência artificial? O resultado pode ser conferido acessando a figura 31.

Ainda pela perspectiva da indústria do entretenimento, há a possibilidade de explorar novos formatos de mídia, de modelos de narrativas e, claro, de relacionamentos com o público. Muito influenciada pela tecnologia, a narrativa transmídia pode ser definida como o processo de distribuir partes integrais de uma história em canais diferentes, de maneira que cada um deles tenha sinergia na promoção de uma dada experiência. Preferencialmente, cada canal deve colaborar de forma diferente para ampliar o universo da história, potencializando o entendimento e envolvimento com a narrativa.

Figura 31
Trailer do filme *Morgan* feito pelo Watson

Ou acesse: goo.gl/HBHOU8

A franquia Batman, que na trilogia *The dark knight* promoveu uma experiência transmidiática em 75 países e teve 10 milhões de participantes ao mesmo tempo, é um excelente exemplo da distribuição de conteúdo, ampliação de universo e envolvimento. A história foi fragmentada e contada por meio de eventos, *sites*, intervenções urbanas, SMS, anúncios impressos e outras plataformas. O Alternate Reality Game (ARG), uma mistura de jogo, eventos físicos, mídias digitais e marketing viral, é considerado uma das maiores experiências imersivas já proporcionadas para um público, e pode ser acessado pela figura 32.

No Brasil, a novela *Malhação*, no ar há mais de 20 anos, frequentemente é indicada ao prêmio Emmy Kids em função de sua plataforma digital. Com roteiro baseado no dia a dia de jovens, a novela produziu *fanfics*, ou seja, histórias paralelas escritas pelos fãs, e fez uso das mídias sociais e *sites* da Rede Globo para promover os episódios e expandir o universo de sua temporada. Repare, nesse exemplo, que há certo alinhamento entre o perfil do público-alvo da narrativa e a utilização dos canais digitais com a TV.

Figura 32
Videocase do ARG para *Batman: The dark knight*

Ou acesse: goo.gl/V1wwDO

Como sugere Henry Jenkins (2011), criador do termo *transmedia storytelling*, Harry Potter talvez seja o melhor exemplo de plataforma transmidiática existente. A franquia, que possui os livros como matriz, teve uma grande sequência de filmes, além de itens como camisas, parques temáticos, *live actions* e, mais recentemente, o projeto Pottermore. Como descrito em seu *site*, é uma plataforma que objetiva ampliar as conexões com os fãs por meio de informações, artigos, textos, fotos e vídeos exclusivos sobre a história de Harry Potter, iniciada em 1997. Partindo das premissas transmidiáticas, a experiência do consumidor, que pressupõe alto nível de engajamento com a marca em questão, tende a ser potencializada exponencialmente.

Com o consumo multitelas, o empoderamento do consumidor, os processos de cocriação de valor, a multiplicidade de canais para propagação de mensagens, novos formatos de narrativas e os consequentes novos tipos de interação, surgem também desafios para a comunicação de marketing. Na mesma medida em que há o crescimento das possibilidades de mídia, também surge a necessidade de novas formas de mensuração. Será que, dentro de um cenário como o de *Harry Potter* e *Malhação*, as tradicionais métricas e ferramentas de controle seriam suficientes? Provavelmente não. É importante não esquecer de acompanhar a evolução dos meios, mas também acompanhar o progresso dos indicadores de desempenho. Afinal, cada vez mais, em um mundo hiperconectado, quase tudo é passível de mapeamento e mensuração.

Um tema que desperta curiosidade e tem relação com novas ferramentas para monitoramento e compreensão do consumidor é o neuromarketing. Ainda pouco explorada, principalmente de maneira correta e por profissionais capacitados, a técnica é uma forma de pesquisa que se baseia em recursos e linguagem da neurociência para avaliar reações fisiológicas, emocionais conscientes e não conscientes dos consumidores frente aos impactos da comunicação publicitária. Utilizando eletroencefalograma, por exemplo, pode-se identificar o estado de motivação, atenção e memorização promovido por anúncios. Já por *eye tracking*, mede-se em tempo real o movimento dos olhos e seu padrão de fixação, o que pode impactar estratégias de organização de gôndolas em PDVs, *layout* de embalagens e desenvolvimento de *sites*. Para saber mais sobre o tema, acesse a pesquisa *Brain 500* (Fore Brain, 2016), uma das maiores realizadas no Brasil até o momento. Veja a figura 33.

Figura 33

Pesquisa *Brain 500*

Ou acesse: goo.gl/kQIt0p

Vimos, no capítulo 3, o conceito de jornada do consumidor, que engloba todo o fluxo de interações e atividades realizadas até o momento da conversão. Se levarmos em conta que toda interação na internet deixa rastros digitais e que ao longo da jornada as empresas estão realizando monitoramento, sem dúvida o processo de entrega de mensagens publicitárias tenderá a ser mais eficaz, como no caso do *behavioral targeting*, por exemplo. Essa ferramenta é baseada no histórico de navegação do usuário, mas sem sua identificação – ou seja, nas buscas e cliques em anúncios – para determinar a exibição das mensagens que serão de fato relevantes para ele. Caso um usuário tenha visitado só a página de "Quem somos", é possível programar a exibição do anúncio A, mas se ele avançou até o formulário de contato e não efetivou o envio da mensagem, pode-se exibir a mensagem B, sugerindo que ele finalize a ação. Uma das formas mais conhecidas desse tipo de segmentação é o *remarketing* ou *retargeting*, tecnologia que verifica os dados do navegador do usuário e, na rede de *display* do Google pelos *sites* parceiros, exibe anúncios relacionados às visitas a *sites* já realizadas por ele. Você, com certeza, já foi "perseguido" por um *banner* de um produto ou serviço só porque algum dia pesquisou ou curtiu um conteúdo sobre ele. Isso é o *remarketing*.

Outra possibilidade baseada em alta tecnologia é a mídia programática, que, como mostra o Internet Advertising Bureau (IAB Brasil, s.d.) é negociada baseando-se em inteligência artificial aplicada a leilões de espaços na internet, diferente da tradicional mídia *online*, que é comprada conforme o inventário que cada veículo disponibiliza. Em todo o processo, são considerados dados do usuário, como suas preferências e hábitos de consumo, para que os anúncios sejam entregues em qualquer aparelho ou momento em que ele estiver conectado. Nesse caso, "compra-se" o visitante qualificado e não o espaço ou *site* que irá receber o anúncio. Grandes empresas, como o Google, possuem ferramentas robustas e sofisticadas para trabalhar com volumes consideráveis de dados e otimizar as possibilidades de mídia. Caso tenha interesse em aprofundar o tema, sugerimos assistir ao canal do IAB Brasil no YouTube, conforme apresentado na figura 34.

Figura 34
Canal do IAB Brasil no YouTube

Ou acesse: goo.gl/uzj9JX

Em uma discussão sobre novas tecnologias, futuro e tendências, não seria possível deixar de mencionar o impacto do *mobile* em todas as esferas do mercado. Práticas como *showrooming* – na qual um consumidor visita a loja física para experimentar e comparar produtos e depois comprar *online* – e *webrooming*, que é o inverso da anterior, ou seja, a pesquisa ocorre na internet e a compra no PDV físico, vêm alterando completamente as formas de fazer negócios. A Netshoes, por ser utilizada como base de comparação nesse processo, promoveu uma ação que identificou a posição geográfica do consumidor em *shoppings*, por exemplo, e ofereceu descontos ao ter seu *site* acessado pelo *smartphone*, aumentando a chance de o usuário realizar uma compra e não somente pesquisar preços.

Outra forma de gerar valor são os crescentes projetos de *m-payment* que, mesmo relacionados a outros aspectos de marketing, contribuem para comunicar associações positivas para as marcas, como modernidade e inovação. Nas Olimpíadas do Rio, em 2016, a Visa entregou para um grupo de atletas e influenciadores o Visa *payment ring*, anel com *near field communication* (NFC), uma tecnologia que permite a troca de dados pela aproximação entre terminais – sem a necessidade de fios –, para substituir os cartões físicos. Outro caso de expressão no mercado é o aplicativo da Starbucks, que na realidade funciona como uma grande plataforma de relacionamento e promoção de valor. Nele, o consumidor pode acompanhar a quantidade de pontos acumulados para trocar por produtos nas lojas, além de recarregar o sistema de pagamento para realizar transações diretamente pelo aparelho que tenha a tecnologia NFC, como o *smartwatch*, da Apple. Para se ter uma ideia da representatividade do projeto, em algumas lojas 20% da receita vêm dessa plataforma de relacionamento.

Em uma situação como essa, haveria a possibilidade de a cafeteria fazer uso de ações de geolocalização, potencializando ainda mais a experiência do consumidor em seu ponto de venda físico. A empresa poderia promover ações de *geofancing*, que é a determinação de um perímetro baseado no GPS do *smartphone* para envio de anúncios segmentados, oferecendo produtos e benefícios para os que apresentarem determinado código no caixa. No Facebook, por exemplo, é possível trabalhar com esse formato de mídia, o que torna a ação ainda mais relevante caso a pessoa impactada tenha curtido a página da marca.

Perceba que, gradativamente, não faz sentido falar de comunicação *offline* e *online*, uma vez que a tecnologia esteja presente em todos os níveis de nossas vidas. As experiências mais imersivas e relevantes são as promovidas de forma orgânica, como as proporcionadas pela internet das coisas, que explicaremos a seguir. Se é possível dizer que há uma grande onda de mudanças de paradigma no horizonte, é certamente por causa das tecnologias cognitivas e a conexão e comunicação entre objetos.

A internet das coisas, ou *internet of things* (IoT), diz respeito à capacidade de alguns objetos trocarem informações, perceberem o ambiente e a presença de outros objetos, delegarem tarefas, além de mediarem ações entre indivíduos e máquinas. Basicamente, os sensores e tecnologias como RFID, NFC e Wifi que compõem alguns aparelhos aprendem sobre os hábitos e rotinas das pessoas que os utilizam. Em um primeiro momento, encontramos essa intervenção no ambiente de trabalho, com robôs e automação complexa, e em casa, com aparelhos como o Google Home. Pelo assistente doméstico, é possível controlar praticamente toda a casa, como um ajuste de termostato, iluminação e música ambiente. À medida que o sistema é usado, vai aprendendo sobre as preferências e pode antecipar determinadas demandas de seus usuários.

Imagine as infinitas possibilidades para a exploração desse ponto de contato como mídia! Imagine a qualidade de segmentação possível pelo conhecimento que a plataforma terá sobre os usuários! Mesmo que não existam recursos dessa natureza para serem comercializados como espaços publicitários e haja questões éticas delicadas, é inegável a efervescência do assunto na área de marketing e comunicação. Conheça o Google Home acessando a figura 35.

Figura 35
Google Home e IoT

Ou acesse: goo.gl/TFZJLH

Ainda na discussão sobre IoT, a Kérastase, marca de luxo da L'Oréal que tem como promessa o tratamento e recuperação de cabelos, lançou uma escova inteligente conectada à internet, chamada de Kérastase Hair Coach. Ao escovar o cabelo, seus microfones e sensores identificam os problemas nos fios e couro cabeludo, trocam dados com o aplicativo no *smartphone* e recomendam os produtos e tratamentos para solucionar a questão. Repare que a empresa usou a tecnologia como um meio para cumprir sua promessa e não como um fim em si mesma. A criativa e inovadora ação pode ser conhecida por meio da figura 36.

Figura 36
Kérastase Hair Coach

Ou acesse: goo.gl/TngU7q

Para finalizar as informações sobre novas formas de comunicar valor, cabe uma referência ao projeto da Reserva, marca de moda carioca. Ao perceber que o processo de logística para remessas das lojas liberava em torno de 350 kg de CO_2 no meio ambiente a cada mês, decidiu construir um espaço para experimentação das roupas, mas sem compra na hora. De bicicleta e em até três horas, os itens comprados são entregues partindo de um estoque central da empresa. Além disso, fez toda a obra da loja com a madeira que iria para o lixo, reduzindo ainda mais o impacto ambiental.

Neste capítulo, abordamos algumas ferramentas que, para muitos profissionais, parecem estar somente no campo da ficção científica, mas que já são a realidade de outros e estão mais próximas do que se imagina. A seguir, nossas conclusões sobre as informações apresentadas ao longo do texto e sugestões para a continuidade dos estudos sobre boas práticas de comunicação, planejamento e convergência de mídias.

Conclusão

Ao longo deste livro, procuramos trazer ao leitor a compreensão dos conceitos mais fundamentais de um processo comunicativo. Conhecer os mecanismos cognitivos e sociais envolvidos no ato de comunicar é ganhar consciência sobre algo que costumamos realizar de forma natural e automática. Somos seres interativos por excelência, já que vivemos em sociedade e nossa vida depende de relacionamentos de troca.

Quando se está desenvolvendo um trabalho profissional de comunicação e marketing para uma organização, intuição e boas intenções não bastam. É necessário termos pleno domínio do contexto externo, dos recursos tecnológicos disponíveis – com seus benefícios, limites e riscos – e dos objetivos mercadológicos e institucionais que estão em jogo.

Como dissemos no começo, pretendemos ajudar os gestores a conduzirem um raciocínio estratégico, e assim executarem, de forma produtiva e eficaz, seu planejamento, sem oferecermos "receitas de bolo". Até porque isso não seria prudente em um ambiente tão fluido e mutante como o da era digital. Não podemos esquecer que, a despeito de vivermos em uma sociedade global, em nosso país convivem grupos populacionais com diferentes níveis de acesso à tecnologia e à educação. Então, fórmulas importadas de outros países – portanto outras realidades sociais e econômicas – precisam ser adotadas com muita cautela e discernimento.

Finalmente, insistimos em alertar para a necessidade de as organizações adotarem uma comunicação verdadeira, a partir de bons valores fundamentais, pois a sociedade empoderada em rede não tolera nem perdoa mais quem trata de forma antiética ou desrespeitosa seus *stakeholders*, atuando de forma contundente para desmascarar falsidades e denunciar os maus comportamentos. Agir assim certamente evitará grandes prejuízos reputacionais e financeiros para a organização.

Como pontuado no início deste livro, a parte final do conteúdo tem a intenção de funcionar como um glossário. Disponibilizamos uma lista de termos que, repetimos, não esgotará o assunto, mas poderá colaborar para um melhor entendimento e uso em futuros projetos.

Referências

AAKER, D. *Marcas*: brand equity – gerenciando o valor da marca. São Paulo: Negócio, 1998.

ABA (Associação Brasileira de Anunciantes). *Um bom briefing é o primeiro passo para o sucesso*. 2014. Disponível em: <www.aba.com.br/wp-content/uploads/content/2e1d304f72d3426505737154bac1696e.pdf>. Acesso em: 30 jan. 2017.

ABEMD (Associação Brasileira de Marketing de Dados). *Comitê de Métricas e ROI da ABEMD*. [s.d.]. Disponível em: <http://abemd.org.br/calculo-de-roi>. Acesso em: 14 jul. 2017.

ADNEWS. *Pantene cria o primeiro reality show para cabelos*. 2016. Disponível em: <http://adnews.com.br/publicidade/pantene-cria-primeiro-reality-show-para-cabelos.html>. Acesso em: 20 jan. 2017.

ALICE no País das Maravilhas. Direção: Clyde Geronimi, Wilfred Jackson e Hamilton Luske. Edição: Lloyd Richardson (filme) e Al Teeter (música). Produção: The Walt Disney Company, 1951. Formato: cor (technicolor) – 1.37:1 – Mono (RCA Sound System).

AMA (American Marketing Association). *Pokémon Go*. 2016. Disponível em: <www.ama.org/publications/eNewsletters/Marketing-News-Weekly/Pages/pokemon-go-disrupting-marketing.aspx>. Acesso em: 2 jan. 2017.

______. *Marketing dictionary*. 2017. Disponível em: <www.ama.org/resources/Pages/Marketing-Dictionary.aspx>. Acesso em: 1º jan. 2017.

BAUMAN, Z. *Modernidade líquida*. Rio de Janeiro: Zahar, 2000.

______. *Amor líquido*. Rio de Janeiro: Zahar, 2003.

______. *Vida líquida*. Rio de Janeiro: Zahar, 2005.

CASTELLS, M. *The network society*. Oxford: Blackwell, 1996.

______. *Fim de milênio*: a era da informação: economia, sociedade e cultura. São Paulo: Paz e Terra, 1999. v. 3, p. 424-425.

CENP (Conselho Executivo das Normas-Padrão). *Normas-padrão da atividade publicitária*. São Paulo: Cenp, 1998. Disponível em: <www.cenp.com.br/PDF/NomasPadrao/Normas_Padrao_Portugues.pdf>. Acesso em: 20 dez. 2016.

COOPER, A. et al. *About face*: the essentials of interaction design. Indianápolis: John Wiley & Sons, 2014.

DRU, J. *Disruption*: overturning conventions and shaking up the marketplace. Indianápolis: Wiley, 1996.

DRUCKER, P. F. *Management*. Nova York: Harper & Row, 1972.

ÉPOCA NEGÓCIOS. *Guerra dos milk-shakes*. 2016. Disponível em: <http://epocanegocios.globo.com/Marketing/noticia/2016/09/apos-bobs-e-mcdonalds-burger-king-giraffas-e-ate-philips-entram-na-briga-do-milk-shake.html>. Acesso em: 30 jan. 2016.

EXAME. *Gisele faz maior contrato de sua carreira com a Under Armou*. 2014. Disponível em: <http://exame.abril.com.br/marketing/gisele-bundchen-esmurra-saco-de-pancadas-em-anuncio-da-under/>. Acesso em: 4 fev. 2017.

______. *Samarco*: uma grande aula do que não fazer. 2016a. Disponível em: <http://exame.abril.com.br/blog/branding-consumo-negocios/samarco-uma-grande-aula-do-que-nao-fazer/>. Acesso em: 20 jan. 2017.

______. *Apple ganha 54 bilhões em valor de mercado em três dias*. 2016b. Disponível em <http://exame.abril.com.br/mercados/

apple-ganha-54-bilhoes-em-valor-de-mercado-em-tres-dias/>. Acesso em: 14 nov. 2016.

FARRIS, P. W. et al. *Marketing metrics*: the definitive guide to measuring marketing performance. Nova Jersey: Pearson Education, 2010.

FORBES BRASIL. *Como o Itaú Unibanco tornou-se a empresa de maior valor de mercado do Brasil.* 2015. Disponível em: <www.forbes.com.br/negocios/2015/06/como-o-itau-unibanco-tornou-sea--empresa-de-maior-valor-de-mercado-do-brasil/>. Acesso em: 28 jun. 2015.

FORE BRAIN. *Brain 500*. 2016. Pesquisa sobre neuromarketing. Disponível em: <http://conteudo.forebrain.com.br/brain500--trial>. Acesso em: 20 fev. 2017.

FREEMAN, R. *Strategic management*: a stakeholder perspective. Englewoods Cliffs, NJ: Prentice Hall, 1984.

GIZMODO. *United looses $800 million in value after passenger dragged off plane*. 2017. Disponível em: <http://gizmodo.com/united--loses-800-million-in-value-after-passenger-drag-1794208511>. Acesso em: 15 abr. 2017.

GLOBESCAN. *Aspirational consumers are rising.* Are brands ready to meet them? 6 jun. 2016. Disponível em: <https://globescan.consumers are rising com/aspirational-consumers-are-rising--are-brands-ready-to-meet-them/>. Acesso em: 6 fev. 2018.

GLOBO G1. *Microsoft adquire a Skype por US$ 8,5 bilhões.* 2011. Disponível em: <http://g1.globo.com/tecnologia/noticia/2011/05/microsoft-adquire-skype-por-us-85-bilhoes.html>. Acesso em: 10 fev. 2017.

______. *Apple registra primeira queda na receita em 15 anos e lucro menor.* 2016. Disponível em: <http://g1.globo.com/tecnologia/noticia/2016/10/apple-registra-1-queda-na-receita-em-15-anos--e-lucro-menor-de-9-no-3-tri.html>. Acesso em: 26 out. 2016.

GODIN, S. *Marketing de permissão*. Rio de Janeiro: Campus, 1999.

GOOGLE. *The latest on micro-moments.* [s.d.]. Disponível em: <www.thinkwithgoogle.com/micromoments/>. Acesso em: 29 dez. 2016.

GUINESS BOOK. *Pokémon Go bate recorde mundial.* 2016. Disponível em: <www.guinnessworldrecords.com/news/2016/8/pokemon-go-catches-five-world-records-439327>. Acesso em: 1º fev. 2017.

GUISSONI, L.; NEVES, M. *Métricas para comunicação de marketing.* 2. ed. São Paulo: Atlas, 2015.

HOLIDAY, R. *Acredite, estou mentindo*: confissões de um manipulador das mídias. São Paulo: Companhia Editora Nacional, 2015.

HUNGRY BEAST. *Gullible cities.* 2009. Disponível em: <www.youtube.com/watch?v=HA9Qhpyppw8>. Acesso em: 4 abr. 2017.

IAB BRASIL (International Advertising Bureau). *Guias e pesquisas.* [s.d.]. Disponível em: <http://iabbrasil.net/guias-e-pesquisas>. Acesso em: 11 jan. 2017.

IBGE (Instituto Brasileiro de Geografia e Estatística). *Resultados da Pnad.* 2016. Disponível em: <www.ibge.gov.br/home/estatistica/pesquisas/pesquisa_resultados.php?id_pesquisa=149>. Acesso em: 18 dez. 2017.

INSECTA. *Homepage.* [s.d.]. Disponível em: <www.insectashoes.com>. Acesso em: 10 out. 2017.

ISTOÉ DINHEIRO. *Itaú Unibanco é a empresa do ano.* 2016. Disponível em: <www.istoedinheiro.com.br/noticias/negocios/20160923/itau-unibanco-empresa-ano/416149>. Acesso em: 23 set. 2016.

JENKINS, H. *Convergence culture*: where old and new media collide. Nova York: New York University Press, 2006.

______. *Three reasons why Pottermore matters.* 2011. Disponível em: <http://henryjenkins.org/2011/06/three_reasons_why_pottermore_m.html>. Acesso em: 17 fev. 2017.

______. *T is for transmedia.* 2013. Disponível em: <http://henryjenkins.org/2013/03/t-is-for-transmedia.html>. Acesso em: 1º mar. 2017.

KANTAR IBOPE MEDIA. *Bolo publicitário em 2016*. 2016. Disponível em: <www.kantaribopemedia.com/meios-de-comunicacao--janeiro-a-junho-2016/>. Acesso em: 2 jan. 2017.

KOTLER, P. *Marketing 3.0*: as forças que estão definindo o novo marketing centrado no ser humano. Rio de Janeiro: Elsevier, 2010.

______; KELLER, K. *Marketing management*. 15. ed. Nova Jersey: Pearson, 2015.

______; SINGH, R. Marketing warfare in the 1980s. *Journal of Business Strategy*, v. 1, p. 30-41, 1981.

KOZINETS, R. On netnography: initial reflections on consumer research investigations of cyberculture. *Advances in Consumer Research*, v. 25, p. 366-371, 1998.

KUNSCH, M. M. *Planejamento de relações públicas na comunicação integrada*. São Paulo: Summus, 1986.

LASSWELL, H. D. *The structure and function of communication in society*. Nova York: Harper & Bros, 1948.

LAZARSFELD, P. F.; MERTON, R. K. Friendship as a social process: a substantive and methodological analysis. In: BERGER, M. (Ed.). *Freedom and control in modern society*. Nova York: Van Nostrand, 1954. p. 18-66.

LESSIG, L. *Free culture*. Seattle: Amazon Digital Services LLC, 2017.

LEVY, P. *Cibercultura*. Barcelona: Anthropos, 1997.

LIMA, V.; NUNES, J. M. Engajamento do consumidor em uma comunidade virtual de marca. In: ENANPAD, XXXIX., 2015, Belo Horizonte. *Anais*... Rio de Janeiro: Anpad, 2015.

LINDSTROM, M. *Brand sense*: a marca multissensorial. Porto Alegre: Bookman, 2007.

MARCONDES, Pyr. Opinião: todo o poder aos micro-influencers. *Meio & Mensagem*, 5 set. 2016. Disponível em: <www.proxxima.com.br/home/proxxima/blog-do-pyr/2016/09/05/opiniao-todo--poder-aos-micro-influencers.html>. Acesso em: 5 set. 2016.

MEIO & MENSAGEM. *Marcas que estiveram na boca do povo em 2016*. Disponível em: <www.meioemensagem.com.br/home/marketing/2017/01/18/marcas-que-estiveram-na-boca-do-povo--em-2016.html>. 2017. Acesso em: 3 fev. 2017.

MINTZBERG, H.; AHLSTRAND, B.; LAMPEL, J. *Strategic safari*: a guided tour through the wilds of strategic management. Nova York: Free Press, 1998.

MOORE, G. *Crossing the chasm*. Nova York: Harper Business, 2006.

MORRISON, M. History of SMART objectives. *Rapid Business Improvement*, 22 jun. 2010. Disponível em: <http://rapidbi.com/management/history-of-smart-objectives/>. Acesso em: 29 nov. 2016.

MOTA, F. B. et al. Gestão estratégica: públicos, *stakeholders* e líderes de opinião. In: XXXII CONGRESSO BRASILEIRO DE CIÊNCIAS DA COMUNICAÇÃO, 2009, Curitiba, PR. *Anais*..., 2009. São Paulo: Intercom, 2009.

MUNDO DO MARKETING. *Como inovar constantemente*: caso Tecnisa. 2012. Disponível em <http://mundodomarketing.com.br/cases/24062/como-inovar-constantemente-case-tecnisa.html>. Acesso em: 10 mar. 2017.

PACETE, L. G. Boicote à Starbucks e os riscos das marcas globais. *Meio & Mensagem*, 2 fev. 2017. Disponível em: <www.meioemensagem.com.br/home/marketing/2017/02/02/boicotes-a--starbucks-e-os-riscos-das-marcas-globais.html>. Acesso em: 13 fev. 2017.

PARISIER, E. Tenha cuidado com os filtros-bolha online. *TED Ideas Worth Spreading*, 2011. Disponível em: <www.ted.com/talks/eli_pariser_beware_online_filter_bubbles?language=pt--br#t-513820>. Acesso em: 10 out. 2017.

PMI (Project Management Institute). The high cost of low performance: the essential role of communications. In: ______.

PMI's Pulse of the Profession In-Depth Report. Pennsylvania, USA: Project Management Institute, 2013.

QUINN, J. *Strategies for change*: logical incrementalism. Homewood, IL: Irwin, 1980.

RECUERO, R. *Redes sociais na internet*. Porto Alegre: Sulina, 2009.

RIES, A.; TROUT. J.; RIES, J. *Marketing de guerra*. Indianápolis: McGraw-Hill, 1986.

ROGERS, E. M. *Diffusion of innovations*. Nova York: Free Press, 1983.

SÁ, P. O descarte das pessoas. *Amor ao Planeta*, 27 nov. 2009. Disponível em: <http://amoraoplaneta.blogspot.com.br/2009/11/social-o-descarte-das-pessoas.html,27/nov/2009>. Acesso em: 22 jan. 2017.

______. A gestão de stakeholders tratada como ela é: um sistema vivo. *Mundo Project Management*, ano 12, n. 71, p. 68-73, out./nov. 2016.

______. Mentindo na rede: como estamos sendo manipulados pelas marcas. *Linkedin*, 4 abr. 2017. Disponível em: <www.linkedin.com/pulse/mentindo-na-rede-como-estamos-sendo-manipulados-pelas-patricia>. Acesso em: 4 abr. 2017.

______; OLIVEIRA, M. Crise, só que não. *Linkedin*, 9 jan. 2016. Disponível em: <www.linkedin.com/pulse/crise-só-que-não-patricia-riccelli-galante-de-sá>. Acesso em: 20 fev. 2017.

______ et al. *Comunicação integrada de marketing*. Rio de Janeiro: FGV Ed., 2010.

SAMARCO. *Relatório de sustentabilidade 2013*. Disponível em: <www.samarco.com/wp-content/uploads/2015/11/Relatorio-Anual-de-Sustentabilidade-20131.pdf>. Acesso em: 20 jan. 2017.

______. *Relatório de sustentabilidade 2014*. Disponível em: <www.samarco.com/wp-content/uploads/2015/11/Relatorio-Anual-de-Sustentabilidade-20142.pdf>. Acesso em: 20 jan. 2017.

SIERPINSKI, M. Sur une courbe dont tout point est un point de ramification. *C. R. Sci. de Paris*, v. 160, p. 302-305, 1915.

SINEK, S. *Por quê?* Como motivar pessoas e equipes a agir. São Paulo: Saraiva, 2012.

STEEL, J. *Truth, lies, and advertising*: the art of account planning. Nova York: Wiley, 2006.

SUSTAINABLE BRANDS. *Five human aspirations hold future brands*. 2015. Disponível em: <www.sustainablebrands.com/news_and_views/brand_innovation/raphael_bemporad/five_human_aspirations_hold_future_brands>. Acesso em: 13 fev. 2017.

______. *Creating world's first recyclable shampoo bottle*. 2017. Disponível em: <www.sustainablebrands.com/news_and_views/supply_chain/tom_szaky/creating_worlds_first_recyclable_shampoo_bottle_made_beach_pla>. Acesso em: 4 fev. 2017.

TOFFLER, A. *Choque do futuro*. Rio de Janeiro: Record, 2001.

UOL. *Brownie do Luiz*: começou vendendo brownie na escola e hoje fatura R$ 35 milhões. 2016. Disponível em: <https://economia.uol.com.br/empreendedorismo/album/2016/09/08/comecou-vendendo-brownie-na-escola-hoje-fatura-r-35-milhoes.htm>. Acesso em: 11 jan. 2017.

WSJ. *In a shift, marketers beef up ad spending inside stores*. 2005. Disponível em: <www.wsj.com/articles/SB112725891535046751>. Acesso em: 10 dez. 2016.

YANAZE, M. *Gestão de marketing e comunicação*: avanços e aplicações. São Paulo: Saraiva, 2011.

YOUPIX. *Youpix Influencers Market*. 2016. Pesquisa. Disponível em: <https://medium.youpix.com.br/pesquisa-youpix-influencers-market-2016-23a71e50fa13#.jmqy9xp7x>. Acesso em: 20 jan. 2017.

Glossário

A ideia de oferecer este glossário é proporcionar aos gestores de comunicação e marketing um maior domínio dos jargões do setor, até porque muitos deles são empregados em língua estrangeira e assim usados pelos profissionais. Também se presta a fazer algumas pequenas considerações sobre a utilização das várias técnicas e ferramentas apresentadas. Como poderão observar, optamos por preservar a ordem alfabética para facilitar a consulta, o que acaba por afastar termos que têm afinidade de uso entre si ou pertencem a um mesmo universo de técnicas e ferramentas.

***Above the line* (ATL).** Termo que designa um conjunto de técnicas empregadas para promover uma marca e que tem como base as estratégias de comunicação usando mídias tradicionais, como televisão, rádio, jornais, revistas e internet.

***Advergames*.** Jogos inteiramente construídos com caráter promocional. Seu objetivo é entreter, vender algum produto/serviço e envolver de forma lúdica o cliente com a marca. Inúmeras empresas já possuem jogos *online* ou em formato de aplicativos. No começo dos anos 1980, a Johnson & Johnson tinha um jogo que era uma espécie de Space Invaders chamado Tooth Protectors. Os jogadores deveriam defender seus dentes dos germes causadores de cárie. Em 2017, a Lego lançou um novo jogo para *smartphones* de maneira a complementar a experiência de seus consumidores em visitas à Legoland, seu parque temático. Nele, o jogador participa de missões, quebra-cabeças e *quizzes* enquanto se desloca para visitar o local.

***Backlight/frontlight*/painéis digitais ou *out-of-home* (OOH)/ *outdoors*.** *Backlight* é um painel tipo retroiluminado que apresenta uma mensagem ou imagem publicitária e *frontlight* é o mesmo painel com iluminação frontal, muitas vezes aproveitando empenas cegas de prédios. Evolução dos tradicionais *outdoors*, têm sido proibidos em vários espaços urbanos devido à poluição visual. A versão mais moderna desse tipo de mídia são os *videowalls*, *outdoors* em 3-D em que parte do conteúdo se projeta para o ambiente externo. Os painéis digitais ou OOH, compostos por *leds*, funcionam como telas de TV passando filmes ou faixas de texto, sendo localizados nos mais variados espaços, como elevadores, topos de prédios, aeroportos e hotéis.

***Banners* ou mídia *online*.** São os primeiros formatos de anúncios digitais que têm por premissa o mesmo modelo de comunicação tradicional e por interrupção, o que, especialmente para a geração digital, é irrelevante e inconveniente. Por outro lado, quando bem planejados e segmentados, podem contribuir muito para o sucesso de uma empresa. Podem ser estáticos ou *rich media*, os que permitem interação com o usuário, como um jogo, desenvolvidos em Flash e HTML5, por exemplo.

***Below the line* (BTL).** Termo usado para um conjunto de técnicas que saem do escopo da propaganda tradicional e têm como objetivo a promoção dos produtos por meio de um contato mais direto com eles. Para alguns, esse conjunto é chamado de *no media* ou "não mídia".

Blogueiros e vlogueiros. Provenientes do termo *blogging*, diminutivo de *web logging*, é uma alternativa de publicação em que o publicador pode ser qualquer um que deseje circular conteúdos, podendo transferi-los a outros *blogs* e canais relevantes. O interessante é que, usualmente, os blogueiros e vlogueiros acabam sendo grandes formadores de opinião de grupos de pessoas que desejam discutir temas específicos. Muitos deles usam *blogs* em formato de *site* ou via Twitter, *vlogs* pelo YouTube ou Snapchat.

Branded entertainment. Pode ser chamado também de *branded content* ou *advertainment*. Trata-se de um instrumento publicitário que une, dentro de determinado formato preestabelecido, o entretenimento e uma marca que deseja ser posicionada de forma impactante e segmentada. Os meios podem ser desde as tradicionais mídias de massa (TV e rádio), que hoje estão cada vez mais digitalizadas, até *podcasts*, internet, eventos ou espetáculos. Pela combinação do conteúdo e formatos com os objetivos da marca, o *branded entertainment* vem fazendo com que sejam criadas relações que vão além do consumir. Empresas do universo da beleza têm se utilizado bastante dessa ferramenta.

***Branding* sensorial.** A ideia é proporcionar uma nova experiência de gestão estratégica baseada na criação de plataformas multissensoriais (visão, tato, olfato, paladar e audição), que permitam intensificar a relação emocional entre o consumidor e a marca. Se 75% de nossas emoções são influenciadas pelo olfato e há 65% de chance de mudarmos de humor se expostos a um som positivo, é preciso explorar os demais sentidos (Lindstrom, 2007). Alguns exemplos: o som característico do toque de um celular Nokia ou do *chip* Intel nos anúncios; o tato inconfundível da sinuosa garrafa da Coca-Cola clássica; o cheirinho de carro novo, desenvolvido pela área de marketing das montadoras segundo o posicionamento de cada modelo de carro. A Kellogg's registrou *copyright* do som dos cereais ao serem mastigados, e pretende associar a ideia de frescor ao som crocante. Já a rede Sheraton criou um perfume para os saguões de seus hotéis, tal qual uma assinatura olfativa.

Calhau. Todo veículo possui um inventário de mídia, ou seja, de quanto espaço publicitário dispõe periodicamente para ser comercializado. À medida que o tempo passa, alguns formatos e espaços de mídia não são vendidos, o que gera uma série de descontos agressivos para que as metas de vendas sejam batidas pela equipe comercial. Este é o calhau de mídia. Em alguns *sites*, é possível comprar no formato *run of site* (ROS), que é uma programação distribuída por todos os canais e espaços ociosos de um *site*.

***Call-to-action* (CTA).** Estímulo presente nas mensagens publicitárias para que o usuário faça uma conversão, como um "clique aqui" ou "acesse". Normalmente, é o botão presente em um *banner* ou peça de *e-mail marketing*.

Catálogos e malas diretas. Os catálogos físicos de papel ou eletrônicos (brochuras eletrônicas) são aqueles que expõem os produtos e os serviços da organização. Nas relações comerciais B2B, eles são muito utilizados para a exposição específica dos produtos fabricados e transacionados. Quando se dá uma relação B2C, empresas do segmento de beleza como Avon, Natura e Racco utilizam-se dos mesmos como materiais de vendas para que as consultoras especializadas possam mostrar seus portfólios de produtos. As brochuras eletrônicas nada mais são do que a exposição em *sites* de *e-commerce* da gama de produtos disponibilizados pela empresa. As malas diretas são as correspondências enviadas diretamente aos consumidores em suas residências ou empresas. O objetivo das mesmas é atingir diretamente o consumidor desejado. Diversos autores indicam que a mala direta tem um índice de retorno que pode variar entre 0,5 e 2%, e chega a melhores resultados quando a listagem é bem qualificada ou a empresa já tem relacionamento com o cliente. Aos poucos o *mobile* marketing e o *e-mail marketing*, que têm menores custos ambientais e econômicos, vieram a substituir parte dos investimentos nessa ferramenta, porém, pelo uso abusivo, este último acabou esbarrando nos mecanismos anti-spam dos provedores de acesso.

***Clipping*.** Usada para ações de assessoria de imprensa e relações públicas, esta medição é feita em geral por empresas especializadas, que reúnem artigos, recorte de notícias, comentários, reportagens ou gravação de aparições na TV e rádio sobre um dado assunto. O retorno é calculado pelo equivalente ao custo daquele mesmo espaço em uma mídia paga, conforme a tabela do veículo. Porém essa medida é meramente quantitativa, não levando em conta aspectos qualitativos como credibilidade, ambiente editorial, tom e enfoque do texto, entre outros.

***Co-branding* e *brand partnership* ou promoção cooperada.** Associação de marcas em que duas ou mais partes se interessam na exploração comunicacional de um mesmo público-alvo a favor de ambos. Exemplo: um *milk-shake* do Bob's ou do McDonald's pode ser servido com um chocolate Alpino da Nestlé, e a marca pode ser trabalhada por ambos ao mesmo tempo. Em outro formato, a marca se associa a um artista e assina sua turnê, a produção do seu disco e licencia produtos.

Concurso/sorteio/vale-brinde. Técnicas já usadas há muito tempo que, por dependerem da "sorte" condicionada à compra de um produto ou serviço, devem seguir toda uma legislação específica (Lei nº 5.768/1971, regulamentada pelo Decreto-Lei nº 70.951/1972 – "distribuição gratuita de prêmios a título de propaganda, mediante sorteio, vale-brinde, concurso, ou operação assemelhada") e o Código de Ética da Associação de Marketing Promocional (Ampro). Como o processo demora em média dois meses para aprovação na Caixa Econômica Federal e é obrigatório que o número da autorização conste em todas as peças da ação, deve-se levar isso em conta no planejamento desse tipo de abordagem.

Conversão. Tem relação com o cumprimento de uma ação pelo usuário em um contexto, como venda, preenchimento de formulário ou acesso a uma página do *site*.

Crossmídia. É a existência de mais de um meio de comunicação para contar uma mesma história (Jenkins, 2013). Seria equivalente a veicular uma campanha na TV, um derivado no YouTube, ter um *hotsite* e anúncio em revista com mensagens similares. Nada novo é aprendido ao se ter contato com os conteúdos, mesmo que em plataformas diferentes.

***Database marketing* (DBM).** Plataforma tecnológica para realizar marketing de relacionamento, em que o fabricante procura estabelecer interações mais personalizadas com os clientes por meio de um banco de dados. Serve para fazer o *customer relationship management* (CRM), que significa gerenciar o relacionamento com o cliente. Com a tecnologia digital, como *smartphones* e internet, é possível o desenvolvimento de ações focadas em uma ou mais pessoas que possuam o mesmo perfil de consumo e de comportamento.

Flash mob. Aglomerações instantâneas de pessoas em um local público que, depois de fazerem determinada ação previamente combinada, se dispersam tão rapidamente quanto se reuniram. O primeiro *flash mob* foi organizado via *e-mail* pelo jornalista nova-iorquino Bill Wasik, mas não funcionou, pois a polícia foi acionada. O segundo *flash mob* finalmente deu certo na loja de departamentos Macy's em 2003, reunindo 100 pessoas. O *flash mob* era para ser antimanifestação e antipolítico – uma crítica à conformidade e fazer parte da "próxima moda grandiosa", visando desorganizar e romper a ordem nos espaços públicos e corporativos. Para decepção de seu idealizador, acabou se tornando exatamente isso: um novo modismo, muitas vezes politizado (como na Rússia, em 2003, contra a ditadura, e na Espanha, em 2004, em protesto aos ataques terroristas) ou usado com fins de marketing por empresas. No Brasil, para promover as Olimpíadas Rio 2016, a Latam, que foi patrocinadora do evento, promoveu uma ação dessa natureza no Aeroporto Internacional Tom Jobim – RIOgaleão.

***Flyer*/*folder*/brochura/*broadside*.** *Flyer* é um folheto impresso em uma única lâmina, geralmente encartado em pastas ou distribuído como uma filipeta (lâmina). *Folder* é parecido com o *flyer*, só que com dobras, tipo um prospecto. Brochura é um livreto impresso com informações mais detalhadas sobre a empresa e o produto/serviço. *Broadside* é um tipo de folder com informações técnicas de suporte a vendas, contendo margem, giro, dados sobre os produtos e campanhas promocionais, entre outros. O *flyer* também é usado para ações promocionais mais pontuais. Atualmente, devido à consciência ecológica (uso de papel, tintas, vernizes e produção de lixo), esses materiais têm sido repensados pelas empresas. Nos *flyers* distribuídos na rua é obrigatória licença municipal e a menção educativa "Não jogar em via pública".

***Hotsite*.** Um *site* de vida útil efêmera, construído especialmente para complementar uma campanha de mídia ou promocional – seja o lançamento de um produto, realização de um evento ou promoção de vendas –, ampliando o fornecimento de informações ao cliente de uma maneira mais interativa. A empresa pode optar por mantê-lo no ar por um período posterior ao final da ação, mas isso não é muito recomendável, a não ser que ele incorpore um *blog* ou funcione como ferramenta de sustentação para a repetição da ação em um futuro próximo.

***Inbound* marketing.** Conjunto de técnicas que atraem visitantes para os *sites* das empresas por meio de conteúdo publicado na internet, tendo ainda o objetivo de nutrição e conversão de *leads*, pessoas que entraram em contato com a empresa, manifestaram interesse, possuem perfil de compra e podem ser convertidas em clientes. De maneira comum, podem ser encontradas diversas empresas B2B prestadoras de serviços que fazem uso dessas técnicas, como a Hubspot, uma das principais do mercado.

***Jingle* e *chime*.** O *jingle* é uma música criada para uma campanha, de forma a aumentar as possibilidades de memorização do produto ou anúncio – veja o caso clássico da Pipoca com Guaraná (Antarctica). *Chimes* são sons de poucos acordes que "grudam" na mente e são usados até como toques de celular ou no computador, como o "Hello Moto", o "Intel Inside" e o Plim-Plim da Globo.

***Landing page*.** Comumente, esse termo é utilizado para caracterizar uma página criada especificamente para uma ação promocional. Em uma campanha pontual de *links* patrocinados; por exemplo, é preciso inserir o endereço da página que receberá o usuário após o clique no anúncio, ou seja, deve-se cadastrar a *landing page* da ação. Por outro lado, como mostra o IAB (s.d.), é importante ressaltar que qualquer página de destino ou entrada de um *site* também pode ser considerada uma *landing page*.

Licenciamento. É a permissão e concessão de uso de determinada marca, nome, personagem ou produto, para que possa ser comercialmente explorado, mediante o pagamento de *royalties*. O maior risco refere-se às cópias não autorizadas, que podem trazer danos à imagem da empresa. A Coca-Cola licencia sua marca para diversos fabricantes de outros produtos – toalhas, bandejas, ímãs, *posters*, sacolas – como uma grife. A Tilibra compra os direitos de uso de personagens Disney, atores de TV famosos ou times de basquete da liga norte-americana NBA para ilustrar as capas de seus cadernos e agendas.

***Links* patrocinados.** São anúncios pagos exibidos nos resultados de busca, tendo relação com as palavras-chave usadas. No Google, chamados de *adwords*, podem ainda circular na rede de *display* (parceiros) em formato de imagem, vídeo ou texto.

Lojas-conceito/*flagship stores*. Lojas em que o objetivo da empresa não é necessariamente vender mercadorias, mas vender a imagem da marca e fortalecer os vínculos emocionais e intelectuais com seus clientes, ou seja, envolver o cliente no universo da marca, proporcionando uma experiência de interação com os produtos, de diversão ou troca de experiências com outros usuários. Também chamadas de *flagship stores*. O consumidor tem acesso a uma série de produtos da marca, podendo testá-los e manuseá-los, gerando experiência positiva. Em alguns casos a loja sequer tem estoque, mas apenas um mostruário dos produtos e facilitadores para dar explicações de como eles funcionam.

Marketing cultural. Investimento em forma de patrocínio, apoio ou organização de eventos de cunho cultural, como forma de promoção institucional para fortalecer a imagem da marca ou vender produtos no local do espetáculo. Há leis nas esferas federal, estadual e municipal, de acordo com as quais o governo abre mão de receber impostos devidos pelas empresas em prol do fomento à cultura, com limites preestabelecidos. Comissões formadas por técnicos e especialistas julgam o mérito cultural dos projetos, que recebem um número de protocolo para permitir a renúncia fiscal. As leis mais usadas são Lei Rouanet, Lei do Audiovisual, renúncia de ICMS (esfera estadual) e de ISS e IPTU (esfera municipal). É possível segmentar cada tipo de atividade cultural de acordo com o posicionamento de cada produto e o público-alvo desejado.

Marketing de permissão. Termo cunhado por Seth Godin (1999) para referir-se a um tipo de marketing que não é feito por meio da interrupção (como os intervalos comerciais na TV, os anúncios no meio de um editorial, os *outdoors* na rua poluindo visualmente a paisagem); que não "pedem permissão" para se apresentar diante dos olhos. O marketing de permissão propõe ao consumidor uma "troca": ele aceita receber uma mensagem comercial porque vai ganhar algum brinde, um benefício extra (como um desconto) ou algum serviço útil. Este último tipo de compensação é a ideal, pois é a única que dá a certeza de que o cliente aceitou a abordagem porque realmente está interessado na empresa ou produto não oportunisticamente, apenas visando ao prêmio.

Marketing esportivo. Da mesma forma que o marketing cultural, é possível segmentar as atividades e obter incentivos fiscais por meio das leis Zico, Pelé, Maguito e Lei de Incentivo ao Esporte, que funcionam em bases semelhantes à Lei Rouanet, da cultura. O marketing esportivo pode se traduzir em patrocínio a um evento, a um time ou a um atleta. Entretanto, é preciso saber que as emissoras de TV consomem uma boa fatia do investimento, já que consideram a aparição de marcas nas suas transmissões como *merchandising*, e cobram por isso – ou, alternativamente, encobrem digitalmente a aparição do logotipo.

Marketing viral. Também conhecido como *afinity* marketing, *referral* marketing ou *buzz* marketing, é qualquer estratégia que encoraja os internautas a divulgar uma mensagem em sua rede de conhecidos. Tal técnica é altamente eficaz, cria uma oportunidade de crescimento exponencial da exposição e influência dessa mensagem. Como um vírus, essa abordagem usa o rápido crescimento para uma explosão de milhares ou milhões de leitores e ainda carrega o aval de quem a disparou, para o bem e para o mal. É uma forma mais moderna da tradicional comunicação boca a boca.

Merchandising in-store. Técnica que tem como objetivo fazer com que as mercadorias girem no ponto de venda (PDV), também chamado POP (*point of purchase*). Como a maior parte da decisão de compra de bens não duráveis comercializados no varejo acontece no próprio PDV, essas técnicas são fundamentais para impulsionar as vendas e promover marcas. Entre as mais conhecidas, ressaltamos a degustação, ilhas, pontas de gôndola, testeiras de gôndola, *displays*, inserção em encartes promocionais, móbiles, uniformes de garçons logotipados, geladeiras tematizadas, néons e o planograma – planejamento dos produtos organizados nas prateleiras. Como não poderia deixar de ser, as novas mídias digitais estão sendo inseridas no PDV de forma rápida. São painéis de LED instalados junto às gôndolas ativando a comunicação segmentada, painéis digitais substituindo os estáticos e os tradicionais cartazes e cartazetes que antes poluíam visualmente o ambiente.

Mídia exterior. Possibilidades de ocupação do espaço ao ar livre para exposição da marca. Podem ser móveis ou estáticas. Um exemplo de mídia estática é o uso do mobiliário urbano, como cabines de segurança, placas direcionais, totens de bens culturais, abrigos de ônibus e táxis, totens informativos, relógios e quiosques. Alguns equipamentos do mobiliário urbano podem adquirir uso publicitário. Como exemplo de mídia móvel, temos o *busdoor*, um anúncio confeccionado em adesivo, aplicado na parte traseira ou lateral dos ônibus, ou a adesivagem de veículos, como caminhões de entrega e ônibus. Algumas variações são os prismas no capô, adesivos nos para-brisas traseiros ou bolsões-revisteiro pendurados nos bancos dos táxis.

Mídia interior. Todas as formas da ocupação de espaços fechados, como banheiros de academias de ginástica, restaurantes, *shoppings* e locais públicos de grande tráfego. Outro exemplo são os *displays* com cartões postais promocionais, encontrados em livrarias, barzinhos e boates.

Netnografia. Método de pesquisa originário da etnografia e popularizado por Robert Kozinets (1998), a netnografia pode ser definida como uma descrição escrita resultante do trabalho de campo que estuda as culturas e comunidades *online* emergentes, nas quais tanto o trabalho de campo quanto a descrição textual são metodologicamente conduzidos pelas tradições e técnicas da antropologia cultural. Não pode ser confundida com monitoramento em mídias sociais, pois este é simplificado no que se refere ao rigor metodológico e resultados obtidos.

Newsletter/e-mail marketing. Material enviado por *e-mail*, com notícias, informações sobre produtos/serviços e pesquisas exclusivas que compõem uma campanha institucional. É um canal de comunicação de baixo custo que permite à empresa manter contato constante, ágil e útil com seu público-alvo, incrementando o relacionamento com seus clientes e também aumentando a visitação do seu *site*. Exemplos são o McKinsey Quarterly, o MMbymail da Meio & Mensagem, a HSM Online e o Brandchannel Weekly Update da Interbrand. Já o *e-mail marketing* tem natureza promocional e objetiva algum tipo de conversão, como uma venda.

Podcast. O termo se origina do aparelho iPod da Apple, autora dos primeiros códigos de publicação de conteúdos de áudio, vídeo e fotos, que podem ser transmitidos por meio de qualquer ambiente de comunicação digital. São programetes usados por jornalistas, acadêmicos ou quem quer que grave digitalmente um conteúdo e o disponibilize *online*.

Press-release. Informativo redigido pela área de comunicação da empresa ou por sua assessoria de imprensa contratada, para divulgar suas novidades na mídia na forma de reportagens não pagas. Assim, busca-se criar o interesse nos jornalistas em incluir a notícia em suas pautas, provocando um contato para obter mais detalhes, agendamento de entrevistas, consulta a outras fontes e pesquisa extra. A matéria jornalística costuma ter mais credibilidade que um anúncio, porque se considera que o jornalista seria um intermediário imparcial, pois checará as informações antes de publicá-las. Porém a veiculação não é garantida (nem seu tamanho), pois, caso outro fato mais impactante surja, a matéria será "derrubada" e, se for um assunto perecível/datado, não será mais publicada.

***Product placement* e *merchandising in-script*.** Como alternativa ao marketing de interrupção, surgiu a ideia de inserir o produto ou marca no enredo de filmes, novelas e programas de TV, em níveis que vão progressivamente aumentando de preço: aparição, menção verbal, manuseio ou consumo e cenas inteiramente construídas em torno deles. Há uma grande discussão semântica no mercado acerca da diferença entre esses dois termos. Nas emissoras, o departamento encarregado de comercializar os espaços ainda se chama *merchandising*. Os formatos podem ser de três tipos. (1) Testemunhal: comprar uma ação de menção ou demonstração num programa de auditório/entretenimento, geralmente realizada pelo apresentador, a forma mais antiga. (2) Visualização de marca: na maioria das vezes nem se fala da marca, mas ela aparece com frequência nas cenas, como é comum vermos acontecer com bancos e carros usados pelas personagens, ou quando uma pessoa é entrevistada e, "por acaso", está usando a marca e acaba citando ou mostrando. (3) *Merchandising* inserido no conteúdo: uma das formas mais modernas e criativas, onde se cria uma cena que tem a ver com a marca patrocinadora. Muitos chamam esse formato de *product placement* – a colocação do produto em uma cena, como parte do enredo. Casos bem-sucedidos foram ações da Fedex e Wilson no filme *O náufrago*, o seriado *House of Cards*, mencionado anteriormente, e *Stranger Things*, com a Coca-Cola. Para divulgar internacionalmente seu biocombustível, a Petrobras fechou um acordo de *product placement* no filme de cinema *Speed racer*, cujo roteiro inseriu o carro de corridas Petrobras Green Energy na trama e em todas as peças de marketing e subprodutos, como videogames, mobiliário urbano e cartazes.

Promoção institucional. Conjunto de ações e estratégias voltadas para a disseminação dos valores, filosofia e cultura de uma organização. Ajuda na construção de marcas, reforçando ou mantendo a identidade e a imagem, o que, por sua vez, contribui para aumentar as vendas. Como técnicas mais usuais, há organização de eventos, patrocínios e apoios – incluindo atividades de marketing cultural, esportivo e social –, concursos culturais, participação em feiras, congressos e seminários, entre outras.

Prossumidor. Traduzido do inglês *prosumer*, foi um conceito introduzido pelo estudioso de tendências para o futuro, Alvin Toffler (2001). O termo junta em uma só palavra os conceitos de produtor e consumidor. Diferentemente dos consumidores comuns, os prossumidores compreendem melhor as estratégias de marketing e por isso são mais exigentes e querem participar na criação dos produtos e conteúdos editoriais. Antenados, funcionam como uma espécie de alarme antecipado de tudo aquilo que vai dar certo no futuro.

Publieditorial/advertorial/informe publicitário. Já que reportagens têm mais credibilidade que anúncios, esta é a tentativa de "disfarçar" uma propaganda como editorial. A nosso ver, algo que o leitor de hoje sabe perfeitamente distinguir, até porque a lei exige que se mencione claramente na peça tratar-se de um conteúdo pago, e não de autoria do veículo.

Quick response code (QR code). Traduz-se como um código de resposta rápida em 2-D, criado pela empresa japonesa Denso Wave. É bastante utilizado para fins publicitários, pois o smartphone ou a *webcam* transforma-se em um leitor de código. Por meio da fotografia desse código o usuário recebe um *link* para o *download* de um conteúdo específico de seu interesse ou é direcionado para um *site*.

Realidade aumentada (RA). É a interação do mundo real com o virtual por meio de tecnologias próprias e muito recentes, que vêm sendo crescentemente exploradas para tornar o universo dos jogos, publicidade e ciência mais interativo. Existe desde a década de 1990 e um exemplo emblemático é o jogo Pokémon Go, já mencionado neste livro. Outro bom exemplo está nos filmes do *Homem de ferro* – a armadura do super-herói possui funcionalidades especiais que são exibidas no visor do seu capacete, mesclando-se com o que ele está vendo no ambiente externo.

***Search engine marketing* (SEM).** Conjunto de ferramentas e técnicas de marketing de busca. No caso do Google, tem relação com os *links* patrocinados, o Google Adwords e as práticas de SEO.

***Search engine optimization* (SEO).** Conjunto de práticas de otimização do código e conteúdo de um *site* para que seja indexado e melhor ranqueado nos resultados de busca orgânica no buscador, como Google.

***Site-inspection*, *fam-tour*, *factory tour* ou programa de visitas.** Ação promocional muito importante quando queremos conquistar clientes finais, distribuidores, varejistas, funcionários de outros locais e consultores que conosco trabalhem ou que desejam iniciar uma relação. É o passeio pela empresa, que acaba sendo uma experiência educacional ímpar nas vidas desses *stakeholders*. Algumas empresas se transformam em verdadeiros centros de visitação, com programas estruturados que incluem filmes, brindes, folhetos e guias treinados, como faz a Rede Globo no Projac-Rio ou a Natura no seu Espaço Natura, em Cajamar-SP. Outras promovem viagens institucionais combinadas com eventos (como os *fam-tours* ou visitas de familiarização), porém é preciso ter cuidado para não conflitar com os códigos de conduta das empresas dos convidados, que podem reprovar esse tipo de convite, considerando-o antiético. Tudo dependerá de quem pagará os custos envolvidos.

***Spoofs* ou paródias.** Obras desenvolvidas por qualquer um que se aproprie de um conteúdo protegido pelos direitos autorais, modificando-o, ridicularizando-o e transformando-o com o intuito de criticá-lo. Um caso muito conhecido é o do filme da *Dove evolution* e a paródia *Dove revolution*, em que a quantidade de visualizações do *spoof* é maior do que a do filme oficial. Outro caso clássico foi o do automóvel Tahoe, da Chevrolet, que estimulou os clientes a desenvolverem os filmes para o lançamento do carro e, como resultado, teve a veiculação no YouTube de vários filmes acusando a marca de ser antiecológica.

Spot. Formato de anúncio publicitário, normalmente de 30 segundos, que é veiculado em rádios. Com os serviços de *streaming*, há outras possibilidades de inserções publicitárias similares, como o formato áudio do Spotify. Nele, além do som, pode-se explorar uma imagem e *link* para algum *site*.

Store-in-store/marketplace. Prática comercial em que uma loja física ou virtual cria um espaço diferenciado e exclusivo para marcas ou lojistas apresentarem seus produtos. No mundo, temos como principal exemplo a Amazon, que vende produtos de lojas conceituadas no varejo tradicional, ampliando e qualificando seu banco de dados, de modo a permitir ações de *e-mail* marketing personalizadas de interesse de ambas as partes. No Brasil, podemos citar a grife de roupas Reserva, que vende a marca de tênis New Balance e oferece a Barbearia do Zé em suas lojas; ou o espaço temático Barbie dentro da Americanas. Na internet, outro bom exemplo é o Mercado Livre, com seus diversos lojistas oferecendo produtos.

Teaser. Significa "provocador" e é o nome que se dá a uma peça promocional ou anúncio que precede uma campanha – seja de propaganda ou de incentivo, por exemplo, com o objetivo de instigar a curiosidade e gerar expectativa no público (seja ele interno, imprensa ou o consumidor), já que só traz parte da informação. Geralmente não identifica o produto, o anunciante ou a ação que virá a seguir, deixando suspense no ar. Posteriormente, em outras peças com a mesma identidade, revela-se a informação completa.

Telemarketing (ativo ou receptivo). O ativo consiste no uso do contato telefônico entre o fabricante e o consumidor de forma a persuadi-lo a comprar algo; já o receptivo visa atendê-lo em algum tipo de demanda específica incluindo os serviços de atendimento ao consumidor (SACs), próprios ou terceirizados. O telemarketing ativo tem enfrentado resistências por parte dos consumidores por ser excessivamente invasivo e inconveniente – veja mais em marketing de permissão.

Testes de conceito. Podem ser usados para testar estratégias, bem como resultados. São estudos qualitativos, feitos por meio de entrevistas ou *focus groups*. Ainda como ferramenta exploratória, é possível se conduzir teste de mensagem, com o objetivo de prever se a mensagem será eficaz.

Transmídia *storytelling*. Representa o processo de distribuição de partes integrais de histórias em diversas plataformas de comunicação, de maneira a proporcionar uma experiência única de entretenimento. De maneira ideal, cada meio fica responsável por contribuir de maneira específica para o desenrolar das narrativas, como em Harry Potter (Jenkins, 2006). Tendo os livros como fio condutor, a franquia possui diversas outras plataformas de conteúdo, como parques, produtos licenciados, *fanfics*, o *site* Pottermore e, em 2016, o filme *Animais fantásticos e onde habitam*, que dá continuidade à expansão de todo o universo do bruxo.

TV digital. Sistema de TV reunindo imagem e áudio gerados, transmitidos e recebidos por meio de sinais digitais. A transmissão digitalizada é feita via cabo, fibra ótica, satélites e antenas, e ao final do processo as informações são decodificadas pelo *set top box*, uma caixa instalada junto à TV por assinatura, que decodifica os sinais e possibilita a visualização das imagens. Um atributo bastante importante do *set top box* é ter sua manutenção por acesso remoto, assim como habilitação de canais, compra de *pay-per-view* e diversos outros serviços que tendem a ser vendidos, num futuro próximo, por parte da operadora de TV.

TV *home* shopping *network*. É uma programação de TV que comercializa uma ampla variedade de produtos provenientes de inúmeras empresas. Por meio da divulgação das características dos produtos, o consumidor tem acesso a mercadorias exclusivas via TV ou a ofertas de lojas anunciantes. O comprador pode adquirir pelo telefone (o típico "ligue já") ou por aplicativos específicos para *smartphones*. Alguns exemplos são Shoptime e Primetime, que compram espaço na TV aberta e têm canais na TV por assinatura.

***Unique buying proposition* (UBP).** "Primo-irmão" da USP, parte do sentido inverso. Enquanto a USP expressa um conceito único de comunicação do fabricante ou produto para se posicionar na mente do consumidor, a UBP leva em conta o ponto de vista do comprador e expressa os atributos e benefícios que ele quer comprar, fazendo o fabricante incorporá-los. Por exemplo, o comprador quer produtos que apresentem melhores resultados em vendas ou redução de custos.

***Unique selling proposition* (USP).** Trata-se da determinação estratégica do elemento mais importante a ser comunicado, aquilo que deve ser evidenciado sobre o produto ou serviço em questão. Geralmente é o elemento diferenciador em relação aos concorrentes.

Veículos próprios. Todo tipo de mídia que é patrocinada e cujos conteúdos editoriais são produzidos pela empresa, como rádio e TV corporativos, revistas (muitas delas até vendidas em banca de jornal e livrarias) e *newsletters*. Exemplos são a *HSM Management*, a *Mundo Corporativo*/Deloitte, revistas de bordo ou rádio Sul América FM.

Viewability. É uma nova métrica de análise de performance de peças digitais e tem relação com a visualização de pelo menos 50% de um *banner* em um segundo e, para vídeo *ads*, dois segundos. Ela vem sendo muito discutida e utilizada para avaliar ações de mídia *online* e vídeos.

Webanalytics. Técnicas que objetivam a mensuração, quantificação e geração de relatórios a partir de dados gerados pelas interações de usuários nos mais variados canais digitais. Uma das principais ferramentas do mercado é o Google Analytics.

Wiki. É a mais conhecida plataforma para estruturação de comunidade de inteligência coletiva, que tem como premissa a alimentação e a crítica dos mais diversos conteúdos como base do processo de crescimento. A Wikipédia, maior enciclopédia do mundo, é um exemplo de projeto de inteligência coletiva, pois utiliza-se da soma das informações individualizadas e compartilhadas abertamente naquele espaço. Seus verbetes estão em constante evolução, porém a precisão das informações não pode ser totalmente garantida. O *software* Wiki permite ao usuário editar o conteúdo de páginas da *web*, de forma colaborativa com outros usuários.

Autores

Patricia Riccelli Galante de Sá
Mestre em administração pela Escola Brasileira de Administração Pública e de Empresas (Ebape) da Fundação Getulio Vargas (FGV), pós-graduada em economia para transição pelo Schumacher College (Inglaterra), graduada em relações públicas pelas Faculdades Integradas Hélio Alonso (Facha) e formada em gestão de crises pela Tavlin International (França). Ex-diretora de marketing/comunicação da TAM, Caesar Park e Sheraton, e gerente de marca na Thymus Branding atendendo Natura, Tilibra e Disney. Professora dos MBAs da FGV desde 1996. Autora dos livros *Comunicação integrada de marketing* e *Gestão de serviços e marketing interno.*

Vitor Moura Lima
Mestre em administração de empresas pela Escola Brasileira de Administração Pública e de Empresas (Ebape) da Fundação Getulio Vargas (FGV), MBA em marketing pela FGV, graduado em publicidade com extensão em *branding* pela Escola Superior de Propaganda e Marketing (ESPM) e doutorando em administração de empresas pela Escola de Negócios da Pontifícia Universidade Católica do Rio de Janeiro (IAG/PUC-Rio). Atualmente, é coordenador do MBA em Marketing Digital e do programa Analista de Mídias Digitais da FGV. Colabora com grandes veículos de mídia de massa, como

O Globo, e outros especializados, como *Mundo do Marketing*, em matérias sobre marketing e marketing digital. Citado pela revista americana *Social Media Marketing Magazine* como um dos *top* 100 professores de marketing no Twitter.